# 留学生のための 漢字 教科書

## Kanji Textbook
### for Japanese Language Learners

**初級 300**

300 Kanji for Beginner Level

英語・中国語・韓国語・ベトナム語 版
English　中文　한국어　Tiếng Việt

佐藤　尚子
佐々木仁子 著

国書刊行会

## 解答について

この本の解答は、国書刊行会ホームページからダウンロードできます（PDFファイル）。本に解答は付属していません。また、専用ウェブサイトからも、解答を確認することができます。

**国書刊行会ホームページ**
**解答PDFダウンロードのサイト**
https://www.kokusho.co.jp/kaito/9784336075840/

**解答確認用ウェブサイト**
https://www.kokusho.co.jp/japanesetext/

## この本をお使いの指導者の方々へ

本書では、授業にお使いいただける、以下の授業用補助教材を用意しています。
「漢字書き取り＆練習問題解答用シート」
授業での使用、課題提出などにご活用いただけます。
ご利用には申請が必要です。以下のページに掲載してある申請フォームからお申し込みください。

https://pro.form-mailer.jp/fms/d9aff8ab304866

# はじめに

　2009 年に『留学生のための漢字の教科書初級 300』を、そして、2014 年に改訂版を刊行しました。初版の刊行以来、時間がたち、時代に合わなくなっている語や場面が出てきています。このたび、多くの学習者が学びやすいように改訂を行いました。今回の改訂では、2 色刷りにし、文字もユニバーサルデザインフォントの教科書体を使用し、見やすくしました。また、各課に「ふりかえり」を、5 課ごとの「まとめ問題」には「書き取り問題」と「チャレンジ問題」を設け、漢字学習を進めやすくしました。

　今まで、5 か国語（英語・中国語・韓国語・インドネシア語・ベトナム語）の翻訳を載せていましたが、今回は、本を 2 つに分け、「英語・中国語・韓国語・ベトナム語」と「インドネシア語・ミャンマー語・ネパール語・シンハラ語」の翻訳を載せている教科書を作りました。

　日本語を習得するためには、漢字の学習が不可欠です。日本語の勉強を始めたときから、少しずつ、確実に漢字を学習していくと、中級以上の日本語の学習も楽に進めることができます。一方、漢字の習得には長い時間が必要です。漢字習得の効率的な方法についての研究がいろいろ行われていますが、結局は、繰り返し読んで、何回も書くという昔ながらの方法に落ち着くようです。また、非漢字圏の学習者は、漢字の認知の仕方が、漢字圏の学習者とは異なり、漢字のそれぞれの部分を一つのまとまりとして認知するのが難しいという問題があります。

　このような問題を踏まえ、初級の漢字の学習に本当に必要な要素だけを取り入れた教材が本書です。

　本書の作成にあたり、広く使われている複数の初級教科書や資料にあたり、語彙を検討し、漢字 300 字を決定しました。初級レベルの漢字を学習するうえで必要となる漢字と、その読み、語彙を集めてあります。きちんと漢字が書けるようになるために、筆順も載せてあります。また、漢字は初級レベルで、読みを中級レベルで学習するものをまとめ、付録として載せました。

　既刊の『留学生のための漢字の教科書 中級 700』『留学生のための漢字の教科書 上級 1000』と合わせて、本書がみなさんの漢字学習に役に立つことを祈っております。

2024 年 1 月

佐藤尚子・佐々木仁子

# 目次 Contents

コラム

## ✳『留学生のための漢字の教科書　初級300』の特徴

　この本は、初級レベル（日本語能力試験N4、N5＝旧3、4級レベル）で必要な漢字300字について書いたものです。今までの漢字の教科書は、取り上げられている漢字はいろいろなデータに当たって、適切に選ばれているものが多かったのですが、取り上げられている読みと語彙については、その基準がわからないものがあり、勉強している人から「この読みはどんなときに使うのですか」という質問が出ることがよくありました。この本では、独立行政法人 国際交流基金、財団法人 日本国際教育協会『日本語能力試験 出題基準【改訂版】』（2006年、凡人社。以下、『出題基準』と表す）をもとに、初級で必要な漢字300字と必要な読み、語彙を選び、教科書にしました。また、筆順がなければ正しく書けない人が多いことから、すべての漢字の筆順を載せました。

## ✳本書の構成

　15の課と3つの「まとめ問題」からなります。1課で20字ずつ勉強します。各課は4つの部分に分かれています。

## ✳各課の構成

　導入部、漢字の提示、「よみましょう」、「かきましょう」、練習からなります。導入部に提示されている漢字・語彙は、各課に出ている語彙のすべてを示してはいません。漢字の読みは音訓の順に並んでいます。音はかたかな、訓はひらがなで表します。

　漢字の読みは、名詞・い形容詞・な形容詞・動詞（自動詞・他動詞）・副詞・特殊読みの順に並んでいます。

① 通し番号　② 漢字　③ 画数　④ 部首
⑤ 書き順　⑥ 音読み　⑦ 訓読み　⑧ 特別な読み
⑨ 漢字の意味（英語、中国語、韓国語、ベトナム語（漢越語））
⑩ 語彙とその英語訳、中国語訳、韓国語訳、ベトナム語訳

## ＊漢字・読み・語彙・部首の選択

**漢字**：『出題基準』に示されている旧３、４級の漢字284字から279字と旧２級の漢字の中から21字、計300字を載せました。初級レベルとした旧２級の漢字は語彙のレベルが初級であることを根拠にしました。旧３級の漢字のうち、中級で扱う漢字５字を表１（p.12、『留学生のための漢字の教科書　中級700』に収録）、本書で扱う旧２級漢字21字を表２（p.12）に示しました。

**読み**：「改定常用漢字表」に示されている読みの中で、旧３、４級語彙で使われているものを載せました。

「有」には「ある」という読みが「改定常用漢字表」にはありますが、実際にはあまり使用されないため読みから除きました。

初級の読みのうち、本書で扱わず『中級』で扱う読みは表３（p.12）、本書で採用した中級の読みは表４（p.12）に掲載してあります。

**語彙**：原則として『出題基準』で旧3、4級の語彙とされているものの中から選びました。旧1、2級および常用漢字表外の漢字が含まれている語彙でも、旧3、4級のものは採用しました（表5、p.13）。その際、旧1、2級および常用漢字表外の漢字にはルビ（読み方）をつけました。

　各課のトピックの関係上、および、適当な語彙が不足している場合は、旧3、4級以外の語彙を採用しました。採用したものは次の2種類です。

　① 旧1、2級の語彙から選んだもの（表6、p.13）
　② 語彙リスト以外から選んだもの（表7、p.14）

　問題文で使用しているかたかな語には、旧1、2級の語彙や、『出題基準』に含まれていない語彙がありますが、日常生活でよく使われるものなので採用しました。また、本書では、名詞ではあるが、文の中で形容詞のように使われる語には、「お金持ちの」「半分の」のように「の」をつけています。


**部首**：原則として『康煕字典』（DVD-ROM版、2007年、紀伊國屋書店）によりました。ただし、旧字体と部首が異なる場合は、『角川 大字源』（1992年、角川書店）によりました。また、部首の読みについては『大漢語林』（1992年、大修館書店）を参照しました。


**練習問題**：各課には、5字ごとに「よみましょう」「かきましょう」が、各課の最後に、「れんしゅう」があります。また、5課ごとに「まとめもんだい」があります。

　「まとめもんだい」には、漢字を読んだり書いたりする問題、筆順に関する問題などのほか、音声を聞いて書く「書き取り問題」と「チャレンジ問題」があります。「チャレンジ問題」では、本書には採用されていませんが、独立行政法人国際交流基金・公益財団法人日本国際教育支援協会編著『日本語能力試験公式問題集』（2012年）と『日本語能力試験公式問題集 第二集』（2018年）の「N5」「N4」「N3」から抽出した語を出題しています。

# Features of this book

## ✳ *Kanji for International Students—Basic 300* Major features

This textbook includes 300 *kanji* characters required for Japanese Language Proficiency Test N4, N5, former Level 3 and Level 4. Unlike in many previously published *kanji* textbooks, the emphasis is put on the proper choice of vocabulary to illustrate character readings used under different circumstances rather than on *kanji* characters alone. The stroke order of every *kanji* character is also explained to enable proper writing habits. The characters and their readings in this textbook are selected based on *Japanese Language Proficiency Test: Test Content Specifications (revised ed.)* created and edited by the Japan Foundation and Association of International Education, published by Bonjinsha, 2006.

## ✳ Structure

This textbook comprises 15 lessons and three comprehensive tests. Each lesson is divided in four parts and introduces 20 new *kanji* characters.

## ✳ Lessons

Each lesson contains the introduction, the presentation of characters, the reading part, the writing part and exercises. The *on* readings of the newly introduced characters are given in *katakana* and their *kun* readings are given in *hiragana*. The readings are arranged in the following order: nouns, *i* adjectives, *na* adjectives, verbs (intransitive, transitive), adverbs, irregular readings. The *kanji* and vocabulary which are presented in the introduction do not include all characters which are given in the presentation.

## ✳ Explanatory notes

① *Kanji* number     ② Character     ③ Number of stroke     ④ Radical
⑤ Stroke order     ⑥ *On* readings     ⑦ *Kun* readings     ⑧ irregular readings
⑨ Meaning (English, Chinese, Korean, Vietnamese)
⑩ Vocabulary and its translation

## ✳ Selection of *kanji*, readings, vocabulary and radicals

### *Kanji*

279 former Level 3 *kanji* and former Level 4 *kanji*, and 21 former Level 2 *kanji* were selected from *Test Content Specifications*. The twenty-one former Level 2 *kanji* were chosen because they appear in basic vocabulary. On the other hand, five former Level 3 and former Level 4 *kanji* were omitted from this textbook since they are introduced in *Kanji for International Students—Intermediate 700*. The omitted and the added *kanji* are contained in separate tables in this textbook. The five Level 3 *kanji* taught at the intermediate level in *Kanji for International Students—Intermediate 700* can be found in Table 1 (p.12), and the twenty-one former Level 2-*kanji* introduced in this textbook can be found in Table 2 (p.12)

### Readings

*Kanji* readings given in this textbook are limited to those used in former Level 3 and Level 4 vocabulary.

For example, the reading *aru* in case of the character 有 is omitted, because of occurance with this reading is very low. Several basic level *kanji* readings are not introduced in this textbook, but are introduced in *Intermediate 700* instead. Those readings are listed in Table 3 and Table 4 (p.12).

### Vocabulary

The selection of the vocabulary were made based on *Test Content Specifications* for former Level 3 and Level 4, even though the *kanji* alone were either in former Level 1 and Level 2 or were not included in the List of *Jōyō Kanji* announced by Ministry of Education, Culture, Sports, Science & Technology (Table 5, p.13). In that case the reading of the relevant *kanji* is indicated by small *kana* letters above it. Vocabulary beyond former Level 3 and Level 4 was employed when it was necessary for the relevant topic. It can be divided into two groups: (1) vocabulary from former Level 1 and Level 2 (Table 6, p.13) and (2) vocabulary not contained in the vocabulary list (Table 7, p.14). Loan ( or *katakana*) words which are not included in former Level 1 and Level 2 vocabulary list, but were considered important in everyday life also appear in examples or exercises. In this book, we add " の " to nouns that are used like adjectives in sentences. Examples: お金持ちの , 半分の .

### Radicals

*Kanji* radicals introduced in this textbook conform to *Kōki jiten* (DVD-ROM version, Kinokuniya, 2007), however, those *kanji* whose current radical is different from its old version are according to *Kadokawa daijigen* (Kadokawa, 1992). The readings of the radicals are explained after *Daikangorin* (Taishūkan, 1992).

**Exercises**

In each lesson, there are "Let's Read" and "Let's Write" sections after learning 5 *kanji*, and at the end of each lesson, there are "Exercises." There are also "Collective Exercises" after every 5 lessons.

"Summery Exercises" consist of *kanji* reading/writing exercises, questions about the stroke orders of *kanji*, as well as "Dictation Exercises" where you write down what you hear, and "Challenging Exercises.""Challenging Exercises" test your knowledge of words from "Japanese-Language Proficiency Test Official Practice Workbook" (published 2012) and "Japanese-Language Proficiency Test Official Practice Workbook Vol. 2" (published 2018) written and edited by The Japan Foundation/Japan Educational Exchanges and Services, which are not covered in this book.

## 表1　中級で扱う旧3級漢字（5字）

Table 1　Former Level 3 *kanji* taught at the intermediate level (five characters)

光・太・進・産・民

## 表2　初級で扱う旧2級漢字（21字）

Table 2　Former Level 2 *kanji* taught at the basic level (twenty-one characters)

寝・府・押・閉・和・取・濯・利・部・号
全・番・米・座・酒・黄・晩・奥・内・鉄・降

## 表3　本書で採用しなかった初級の読み

Table 3　Basic level *kanji* readings omitted from this textbook

下：ゲ（下宿する）

　　おりる（下りる）　くださる（下さる）　さがる（下がる）　さげる（下げる）

上：あがる（上がる）　あげる（上げる）

田：田舎

木：木綿

## 表4　本書で採用した中級の読み

Table 4　Intermediate level *kanji* readings included in this textbook

東：トウ

南：ナン

北：ホク

## 表5　漢字の用例として示した語彙の中で表記の漢字に注意が必要なもの

Table 5　Peculiar *kanji* used in vocabulary examples

### ① 中級レベルの漢字が含まれる語彙

人形・男性・女性・彼女・二十歳・水泳・お土産・昨日・飛行機・祖父

祖母・主婦・案内する・生徒・一生懸命・留学生・会議・神社・最後の・両方の

紅茶・喫茶店・牛乳・画数・辞書・招待する・支度・教育・練習する

予習する・復習する・放送・友達・両親・切符・郵便局・文章・文法・文化

注射・言葉・平和・引っ越す・専門・退院する・二階建て・荷物・駐車場

会議室・講堂・美術館・最近・床屋・地震・国際・海岸・柔道・道具・市民

事務所・歯医者・心配する・熱心な・乗り換える・散歩する・自由な・交通

普通の・輸入する・輸出する・交番・番組・信号・承知する・授業・卒業する

宿題・経験・具合・理由・趣味・天気予報・空港・全然

### ② 上級レベルの漢字が含まれる語彙

伯父・叔父・伯母・叔母・一生懸命・誕生日・豚肉・漫画・風邪・興味

## 表6　旧1、2級の語彙から選んだもの

Table 6　Former Level 1 and Level 2 vocabulary included in this textbook

男子・女子・主婦・田・田んぼ・和室・平和・信号・大学院・遠足・海外の

## 表7　語彙リスト以外から選んだもの

Table 7　*Kanji* other than those from the vocabulary list

中川・ナイル川・田中・山田・画数・学長・東京・東南アジア・東北・北海道・
京都・大阪・〜府

# 初級漢字300

# 1課 漢字の 話 About *Kanji*

**この課で学ぶこと** 日本語の漢字の使い方について考えましょう。
What You Will Learn From This Lesson

## ① 漢字の使用

日本語では、文を書くとき、次のように「ひらがな」「かたかな」「漢字」「ローマ字」の4つの文字を使っています。

## 今日、コンビニの ATMで お金を 出しました 。

漢字　　　　かたかな　　　　ローマ字　　ひらがなと漢字　　漢字とひらがな

4つの文字は、語彙の種類によって、使い分けられています。
日本語の語彙は和語、漢語、外来語の3つのグループに分けられます。

1. 和語：日本で生まれた語です。書くときは、漢字（訓読み）、ひらがなを使います。

2. 漢語：古い時代に中国から日本へ伝わった語です。書くときは、漢字（音読み）を使います。

3. 外来語：主に英語やフランス語、ドイツ語などのことばから日本語に取り入れられた語です。書くときは、かたかな、ローマ字を使います。

|  | 和語<br>words of the Japanese origin | 漢語<br>words of the Chinese origin | 外来語<br>Loan words |
|---|---|---|---|
| a boy | 男の子 | 男子 | ボーイ |
| a girl | 女の子 | 女子 | ガール |

　日本語では、和語、漢語、外来語を場面や文脈などによって使い分けています。日常生活では和語を使うことが多いですが、抽象的なことを表すときや改まった場面では漢語が使われます。大学などで専門について高度な内容を学ぶときには、漢語が多く使われます。また、日本語は発音があまり複雑ではないため、同音異義語が多いです。同音異義語を区別するために、日本人は漢字を利用しています。

　日本で社会生活を不自由なく送るために必要な漢字は約2,500字です。日本語能力試験を受けるためには、初級で約300字、中級で約1,000字、上級で約2,000字の漢字が必要です。

漢字を覚えないと、日本語の語彙を増やすことはむずかしいです。日本語が上手になりたい人は、漢字を勉強しましょう。

## ② 音読みと訓読み

漢字は、中国で生まれた文字です。1,700 年ぐらい前に日本に伝わりました。日本には文字がなかったので、日本人は漢字を使って日本語を書くことにしました。そして、中国から伝わった発音も使うようになりました。例えば、漢字「車」の読みは「シャ」です。日本人は「⊛」を「くるま」と呼んでいました。「シャ」も「くるま」も意味は同じです。それで、今、「車」には「シャ」と「くるま」の2つの読みがあります。このように、中国から伝わった発音をもとにしてできた読みを「音読み」、日本で使われていた語を当てた読みを「訓読み」といいます。

ふつう、辞書では、音読みはかたかなで、訓読みはひらがなで書かれています。

|   | 音読み | 訓読み |
|---|---|---|
| 人 | ジン、ニン | ひと |
| 男 | ダン | おとこ |
| 女 | ジョ | おんな |
| 子 | シ | こ |
| 車 | シャ | くるま |

## ③ 漢字の成り立ち

漢字の成り立ちには、次の4つがあります。形声文字が一番多いです。

1. 象形：ものの形を表したもの

山、川、田、米、雨

2. 指事：抽象的なことを線や点で表したもの

一、二、三、上、中、下

3. 会意：意味を考えて、漢字を組み合わせ、作られたもの

日＋月＝明

人＋木＝休

木＋木＝林

木＋木＋木＝森

4. 形声：意味を表す部分と音を表す部分を組み合わせて作られたもの
「作」「昨」は「乍」（音を表す部分：音はサク）を使った形声文字で、両方とも音読みは「サク」です。

人　＋　乍　＝作
（意味を表す部分）（音を表す部分）

日　＋　乍　＝昨
（意味を表す部分）（音を表す部分）

## ④ 漢字の書き順

漢字は1字ずつ書き順が決まっています。基本的な原則は「上から下へ書く」「左から右へ書く」ことです。漢字がいくつかの部分の組み合わせからできているときも、「上の部分を書いてから下の部分を」「左の部分を書いてから右の部分を」書きます。

三 川

書き順はその漢字を書くときに最も合理的な順番として決められているものです。書き順を守らないと、正しい漢字にはなりません。書き順も正確に覚えましょう。

また、今、日本で使われている漢字と、中国や韓国で使われている漢字は、形が違ったり、書き順が違ったりします。書くときには気をつけましょう。

## ⑤ 漢字の画数

漢字を書くときに、一筆で書く線や点を「画」といいます。そして、漢字を作っている線や点の数を「画数」といいます。例えば、「三」も「川」も3本の線からできていますから、画数は3です。「三」「川」は3画の漢字です。

## ⑥ 動詞が辞書の見出しになるとき

動詞は辞書に辞書形で出ています。動詞を辞書で引くときは辞書形で調べなければなりません。

### ▼ 辞書形の作り方

| | ます形 | → | 辞書形 |
|---|---|---|---|
| Ⅰグループ | あ**い**ます | → | あ**う** |
| | き**き**ます | → | き**く** |
| | いそ**ぎ**ます | → | いそ**ぐ** |
| | か**し**ます | → | か**す** |
| | た**ち**ます | → | た**つ** |
| | し**に**ます | → | し**ぬ** |
| | あそ**び**ます | → | あそ**ぶ** |
| | の**み**ます | → | の**む** |
| | かえ**り**ます | → | かえ**る** |
| Ⅱグループ | たべ ます | → | たべ**る** |
| | み ます | → | み**る** |
| Ⅲグループ | し ます | → | **する** |
| | き ます | → | **くる** |

## ① The use of *kanji*

Several types of letters are currently used in Japan. They are: *hiragana*, *katakana*, *kanji* and Roman letters.

今日、 コンビニの ATMで お金を 出しました 。

*kanji*　　　*katakana*　　 Roman letter　*hiragana* & *kanji*　　*kanji* & *hiragana*

*Hiragana*, *katakana*, *kanji* and Roman letters are used depending on the type of word.

Words of the Japanese origin (*wago*) are written with *kanji* (in their Japanese reading or *kun'yomi*) and/or *hiragana*. Words of the Chinese origin (*kango*), which constitute the majority of the Japanese lexicon are written with *kanji* (in their Sino-Japanese reading or *on'yomi*). Loan words from other languages such as English, German, French, etc., known as *gairaigo*, are normally written with *katakana* and sometimes in their original orthography using Roman letters.

|  | words of the Japanese origin (*wago*) | words of the Chinese origin (*kango*) | Loan words (*gairaigo*) |
|---|---|---|---|
| a boy | 男の子 | 男子 | ボーイ |
| a girl | 女の子 | 女子 | ガール |

*Wago*, *kango* and *gairaigo* may have different distribution depending on the topic or style. In everyday conversation *wago* and *gairaigo* have a larger share, whereas in formal speech or scholarly writing *kango* are prevalent.The simplicity of the Japanese  phonological system results in a large number of homophones, which are distinguished in writing by using different *kanji* characters.

It is estimated that in order to freely communicate in written Japanese one should know at least 2,500 *kanji* characters. Japanese Language Proficiency Test for international students include approximately 300, 1,000 and 2,000 at basic, intermediate and advanced levels respectively.

Studying *kanji* also greatly helps remembering Japanese vocabulary in the process of learning, and vice versa.

## ② *On'yomi* and *kun'yomi*

As already mentioned above *kanji* characters can be used in their Sino-Japanese (*on'yomi*) or Japanese (*kun'yomi*) readings. It results from the fact that when *kanji* were introduced to Japan about 1,700 years ago, the Japanese did not have their own script. Needless to say, they had their own language. *Kanji* were imported with their original meaning and pronounciation, which lead to their Sino-Japanese reading, but were also given Japanese reading according to the already existing Japanese vocabulary, whose meaning was similar. For example to denote a wheel the Japanese word *kuruma* was used, but the impoterd *kanji*　車 also had a Sino-Japanese reading *sha*. This resulted in 車 having the *kun'yomi* reading *kuruma* as a stand-alone word, and the *on'yomi* reading *sha* in Sino-Japanese compounds. There are a few examples of *on'yomi* and *kun'yomi* readings of *kanji*.

|  | On'yomi | Kun'yomi |
|---|---|---|
| 人 | *jin, nin* | *hito* |
| 男 | *dan* | *otoko* |
| 女 | *jo* | *onna* |
| 子 | *shi* | *ko* |
| 車 | *sha* | *kuruma* |

*On'yomi* readings are usually written with *katakana* and *kun'yomi* readings are usually written in *hiragana* in *kanji* dictionaries.

### ③ The origin of *kanji*

Four types of *kanji* can be distinguished depending on their origin and structure. They are (1) pictographs, which depict their designates in the most direct way (山, 川, 田, 米, 雨), (2) non pictorial graphs, which mainly refer to spatial relations and employ lines and dots combined in an abstract way (一, 二, 三, 上, 中, 下), (3) ideographs, which combine two or more characters or character parts in order to express an abstract meaning (日＋月＝明, 人＋木＝休, 木＋木＝林, 木＋木＋木＝森, and (4) ideophonographs, in which one element indicates the approximate meaning and the other indicates the *on'yomi*. (昨, 作, 乍)

### ④ The stroke order

Every *kanji* should be written according to its established stroke order. The general rule is that top strokes should be written before bottom strokes and left strokes should be written before right strokes. Accordingly, the top part of a character should be written before its bottom part and the left part should be written before its right part.

Although to a non-*kanji* background student it may at first appear rather unfamiliar, the established stroke order is the most natural and efficient way to write *kanji* characters. Writing *kanji* using a different stroke order will almost certainly result in wrongly written or illegible characters. It should be noted that Chinese characters used in China or Korea may either vary from Japanese *kanji* and their stroke order may also be different.

### ⑤ The number of strokes

*Kanji* are written with one or more strokes. A stroke (*kaku*) is any line or part of a character which is written without detaching the writing tool (pen, etc.) from the paper. The number of strokes is referred to as *kakusū*. Knowing or being able to determine the number of strokes in a character is important when using character dictionaries because characters or radicals (see Lesson 10) are classified according to the number of strokes. For example, both 三 and 川 consist of three lines and are written with three strokes: they are three-stroke characters.

### ⑥ Verbs in dictionaries

Verbs in dictionaries only appear in the so-called dictionary form and you won't be able to look up a verb without knowing it.

How to find out what the dictionary form is ⟶

| | ます形 (*masu* form) | → | 辞書形 (dictionary form) |
|---|---|---|---|
| Ⅰグループ | あ い ます | → | あ う |
| | き き ます | → | き く |
| | いそ ぎ ます | → | いそ ぐ |
| | か し ます | → | か す |
| | た ち ます | → | た つ |
| | し に ます | → | し ぬ |
| | あそ び ます | → | あそ ぶ |
| | の み ます | → | の む |
| | かえ り ます | → | かえ る |
| Ⅱグループ | たべ ます | → | たべ る |
| | み ます | → | み る |
| Ⅲグループ | します | → | する |
| | きます | → | くる |

**①** 日语里的汉字

日语文章一般同时使用"平假名""片假名""日语汉字"和"罗马字"来书写。(如下所示)

# 今日、コンビニの ATMで お金を 出しました。
　　汉字　　　　　片假名　　　　　罗马字　　　平假名和汉字　　　汉字和平假名

　　这四种文字，依据词汇的种类分别使用。

日语词汇分为"和语""汉字词"和"外来语"三大类。

1. 和语：固有的日语词。用日语汉字（训读）或平假名书写。

2. 汉字词：音读的汉语词，古代从中国传到日本。用日语汉字（音读）书写。

| 中文 | 和语 | 汉语 | 外来语 |
|---|---|---|---|
| 男孩 | 男の子 | 男子 | ボーイ |
| 女孩 | 女の子 | 女子 | ガール |

3. 外来语：来源于英语、法语、德语等西语系的词汇。用片假名或罗马字书写。

　　在日语中，根据场景和文章的前后关系，分别使用"和语""汉字词"和"外来语"。日常生活中多使用'和语'，而在表达抽象事物或在正式场合多使用'汉字词'。尤其是在大学，使用很多'汉字词'的词汇学习高深的专业知识。此外，由于日语的发音相对来说比较简单，所以有很多同音异义的词汇。为了区别同音异义词，日本人使用汉字。

　　在日本生活须掌握的汉字有 2500 字左右。要通过日本语能力测试，须掌握初级 300 字，中级 1000 字，高级 2000 字左右的汉字。

　　不熟练掌握汉字，就难以扩充日语的词汇量。想学好日语的朋友，一定要把日本汉字学好！

**②** 音读与训读

　　汉字产生于中国，约 1700 年前传到日本。在那以前，日本还没有自己的文字，所以日本人开始用汉字书写日语，并且部分汉字的发音也被借用到了日语之中。比如，日语汉字的"車"的读音是"シャ"。日本人曾经把"⊛"读作"くるま"。"シャ"和"くるま"的意思是相同的。因此，现在"車"有"シャ"和"くるま"两个读音。像这样，以从中国传入的发音为基础而形成的读音叫"音读"，日本固有词汇的读音叫"训读"。

| | 音读 | 训读 |
|---|---|---|
| 人 | ジン、ニン | ひと |
| 男 | ダン | おとこ |
| 女 | ジョ | おんな |
| 子 | シ | こ |
| 車 | シャ | くるま |

　　词典里通常是音读用片假名，训读用平假名书写。

**③** 汉字的造字法

　　汉字的造字法有以下 4 种。其中以形声字为最多。

1. 象形法：直接用来表示具体实物的造字法

山、川、田、米、雨

2. 指事法：用象征性的符号或在图形上加上指示性符号来表示意义的造字法

一、二、三、上、中、下

3. 会意法：把两个或两个以上的字，按意义合起来表示
　　一个新的意义的造字法

$$日＋月＝明$$
$$人＋木＝休$$
$$木＋木＝林$$
$$木＋木＋木＝森$$

4. 形声法：由形旁和声旁拼合而成的造字法

　　"作"和"昨"都是形声字，两个字里都有"乍"（声旁：读'サク'），音读都是"サク"。

$$人　＋　乍　＝作$$
（形旁表义）（声旁表音）
$$日　＋　乍　＝昨$$
（形旁表义）（声旁表音）

④ 日语汉字的笔顺

　　每个日语汉字都有固定的笔顺。日语汉字的笔顺遵循"从上到下、从左到右"的基本原则。由几个部分组成的汉字，每个部分也是分别按照该原则来书写。

　　笔顺规定了书写汉字时最合理的顺序。如果不按照笔顺书写，就写不出规范的日语汉字，所以一定要牢记正确的笔顺。

　　此外，日语汉字和在中国、韩国等国家所使用的汉字，在字形或笔顺上是有差异的。书写时一定要注意。

⑤ 日语汉字的笔画数

　　书写汉字时，一笔写出的点或线叫做"笔画"。构成汉字的点和线总数是该汉字的"笔画数"。例如，"三"和"川"都由3条线构成，所以笔画数是3，即"三""川"是3笔画的汉字。

⑥ 词典中的动词

　　词典中的动词均是动词基本形。查找词典时，动词须按照基本形来查找。

▼动词基本形的构词法

| | ます形<br>（敬体形） | → | 辞書形<br>（基本形） |
|---|---|---|---|
| Ⅰ组 | あ **い** ます | → | あ **う** |
| | き **き** ます | → | き **く** |
| | いそ **ぎ** ます | → | いそ **ぐ** |
| | そ **か し** ます | → | か **す** |
| | た **ち** ます | → | た **つ** |
| | し **に** ます | → | し **ぬ** |
| | あそ **び** ます | → | あそ **ぶ** |
| | の **み** ます | → | の **む** |
| | かえ **り** ます | → | かえ **る** |
| Ⅱ组 | たべ ます | → | たべ **る** |
| | み ます | → | み **る** |
| Ⅲ组 | します | → | **する** |
| | きます | → | **くる** |

① 일본어 한자의 사용

일본어 문장을 쓸때는 [히라가나] [카타카나] [한자] [로마자] 네가지 문자를 동시에 사용합니다.

# 今日、コンビニの ATMで お金を 出しました。
　　한자　　　　가타카나　　　　로마자　　히라가나와 한자　　한자와 히라가나

네 종류의 문자는 어휘의 종류에 따라 구분하여 사용합니다.

일본어의 어휘는 和語(와어. 고유 일본어). 한자어(漢字語). 외래어의 세가지 그룹으로 나눌수 있습니다.

1. 和語 : 일본 고유의 말입니다. 쓸 때는 일본어 한자 (훈독) 와 히라가나를 사용합니다.
2. 한자어 : 예전에 중국에서 일본에 전해진 말입니다. 쓸 때는 한자 (음독) 을 사용합니다.
3. 외래어 : 주로 영어. 프랑스어. 독일어 등 유럽. 미국의 언어가 일본어로 받아들여진 말입니다. 쓸 때는 카타가나와 로마자를 사용합니다.

|  | 고유어 | 한자어 | 외래어 |
|---|---|---|---|
| 남자아이 | 男の子 | 男子 | ボーイ |
| 여자아이 | 女の子 | 女子 | ガール |

일본어에는 고유어. 한자어. 외래어를 장소나 문맥에 따라 구분하여 사용합니다. 일상생활에서는 고유어를 많이 사용하고. 추상적인 것을 나타내거나 격식을 차려야 할 장소에서는 한자어를 많이 사용합니다. 대학교에서 고도의 전문성을 요구하는 전공과목을 공부할 때에도 한자어가 많이 사용되고 있습니다. 그리고 일본어는 발음이 그다지 복잡하지 않기 때문에 동음이의어가 많으므로. 한자를 사용하여 동음이의어를 구별하고 있습니다.

일본에서 아무 불편없이 사회생활을 하려면 약 2500 자 정도의 한자를 알아야 합니다. 일본어 능력시험에 통과하려면 초급레벨에서 약 300 자. 중급레벨에서 약 1000 자. 고급레벨에서 약 2000 자 정도의 한자를 알아두어야 합니다.

한자를 외우지 않으면 일본어 어휘를 늘릴 수가 없습니다. 일본어 실력을 늘리고 싶은 분들은 한자를 열심히 공부해야 합니다.

② 음독과 훈독

한자는 중국에서 생긴 문자로써 1700 년 전에 일본에 전해졌습니다. 그때까지 일본에는 문자가 없었기 때문에 일본사람들은 일본어를 쓸 때 한자를 사용하였습니다. 그리고 중국에서 전해진 발음도 사용하였습니다. 예를 들면. 한자 [ 車 ] 를 일본어에서는 「シャ」 라고 읽습니다. 옛날 일본사람들은 「⊛」를 「くるま」라고 불렀습니다. 「シャ」와「くるま」는 똑같은 뜻입니다. 때문에 현재「車」에는「シャ」와「くるま」라는 두 가지 읽는 방법이 있습니다. 이처럼 중국에서 전해진 발음을 토대로 만들어진 것을 [음독]. 일본 고유의 말을 적용한 것을 [훈독] 이라고 합니다.

|  | 음독 | 훈독 (번역) |
|---|---|---|
| 人 | ジン、ニン | ひと |
| 男 | ダン | おとこ |
| 女 | ジョ | おんな |
| 子 | シ | こ |
| 車 | シャ | くるま |

일반적으로 사전에서는 음독을 카타카나로. 훈독을 히라가나로 표기합니다.

③ 한자의 구조

한자의 형성과정에는 다음과 같은 4 가지가 있습니다. 그중에서 형성문자가 제일 많습니다.

1. 상형 (象形) : 사물의 모양을 그대로 본떠 만든 것　　| 山、川、田、米、雨 |

2. 지사 (指事) : 추상적인 뜻을 선이나 점으로 나타낸 것　　| 一、二、三、上、中、下 |

3. 회의 (會意) : 두개 이상의 한자를 조립하여 만든 것.

> 日＋月＝明
> 人＋木＝休
> 木＋木＝林
> 木＋木＋木＝森

4. 형성 (形聲) : 뜻을 나타내는 부분과 음을 나타내는 부분이 결합하여 된 것
「作」와 「昨」는 「乍」(음을 나타내는 부분 : 음은 サク) 가 들어있는 형성문자인데.  둘다 음독은 「サク」입니다.

> 人　＋　乍　＝作
> (뜻를 나타내는 부분) (음을 나타내는 부분)
>
> 日　＋　乍　＝昨
> (뜻를 나타내는 부분) (음을 나타내는 부분)

④ **일본어 한자의 필순**

　모든 한자에는 필순이 정해져 있습니다.  큰 원칙은 [위에서 아래로] [왼쪽에서 오른쪽으로] 쓰는 것입니다.  몇 가지 부분이 결합되어 만들어진 한자일 경우에도 [윗부분에서 아래 부분으로] [왼 쪽 부분에서 오른쪽 부분으로] 씁니다.

　필순은 그 한자를 쓸 때 가장 합리적인 순서입니다.  필순을 지키지 않으면 올바르고 맵시있는 한자를 쓸수가 없으므로 필순도 정확하게 외워 둬야 합니다.
　그리고 현재 일본에서 사용하고 있는 한자는 중국이나 한국에서 쓰이는 한자와 형태와 필순이 다르기 때문에 일본어 한자를 쓸 때에는 꼭 주의하여 주시기 바랍니다.

⑤ **한자 획수**

　한자를 쓸 때 붓을 한번 긋는것을 한 [획] 이라 하고.  한자를 구성하고 있는 선과 점의 수를 [획수] 라고 합니다.  예를 들면. 「三」도 「川」도 3 개 선으로 되어 있으므로 획수는 3 입니다.  즉 「三」과 「川」은 3 획의 한자입니다.

⑥ **사전에서 동사를 찾을때**

　사전에서 동사는 기본형으로 표시되어 있습니다.  다시 말하면 사전에서 동사를 찾을때에는 기본형으로 찾아야 합니다.

▼기본형을 만드는 방법

| | ます形<br>けい<br>마스 형 | → | 辞書形<br>じしょけい<br>사전 형 |
|---|---|---|---|
| Ⅰグループ | あ い ます | → | あ う<br>き く<br>いそ ぐ<br>か す<br>た つ<br>し ぬ<br>あそ ぶ<br>の む<br>かえ る |
| | き き ます | → | |
| | いそ ぎ ます | → | |
| | か し ます | → | |
| | た ち ます | → | |
| | し に ます | → | |
| | あそ び ます | → | |
| | の み ます | → | |
| | かえ り ます | → | |
| Ⅱグループ | たべ ます | → | たべ る |
| | み ます | → | み る |
| Ⅲグループ | します | → | する |
| | きます | → | くる |

## ① Sử dụng chữ Hán

Trong tiếng Nhật, khi viết sẽ được sử dụng bằng 4 loại chữ. Đó là chữ: Hiragana, Katakana, Kanji, Romaji

今日、コンビニの ATMで お金を 出しました 。

|  Kanji  |  katakana  |  Romaji  |  Hiragana và Kanji  |  Kanji và Hiragana  |
|---|---|---|---|---|

4 loại chữ, được sử dụng theo từng chủng loại của mỗi từ vựng.

Từ vựng của tiếng Nhật, được chia ra làm 3 nhóm là: từ thuần Nhật, Hán ngữ, từ ngoại lai

1. **Từ thuần Nhật**: là từ được sinh ra ở Nhật. Khi viết sử dụng chữ Hán (đọc theo âm Nhật (Kunyomi)) và Hiragana.

2. **Hán ngữ**: được truyền từ Trung Quốc sang Nhật Bản từ thời cổ đại. Khi viết sử dụng chữ Hán (đọc theo âm Hán (Onyomi)).

3. **Từ ngoại lai**: là những từ ngữ chủ yếu mượn từ các ngôn ngữ như Anh, Pháp, Đức..v.v. Khi viết sử dụng Katakana, Romaji.

|  | từ thuần Nhật | Hán ngữ | từ ngoại lai |
|---|---|---|---|
| con trai | 男の子 | 男子 | ボーイ |
| con gái | 女の子 | 女子 | ガール |

Tiếng Nhật, tuỳ theo từng ngữ cảnh hay từng trường hợp, từ thuần Nhật, Hán ngữ, từ ngoại lai sẽ được sử dụng một cách khác nhau. Trong sinh hoạt thường ngày, người Nhật thường sử dụng từ Hòa ngữ nhiều hơn, nhưng trong trường hợp trang trọng hay có tính trừu tượng thì sẽ được sử dụng bằng Hán ngữ. Ở cấp bậc đại học, khi học về những nội dung cao độ có tính chuyên sâu, thì Hán ngữ sẽ được sử dụng nhiều. Tiếng Nhật, về phát âm thì không khó lắm, cho nên có nhiều từ đồng âm khác nghĩa. Để phân biệt được những từ đồng âm khác nghĩa, người Nhật thường sử dụng chữ Hán.

Ở Nhật, chữ Hán cần thiết để không bị bất tiện trong sinh hoạt hằng ngày, thì có 2,500 chữ Hán. Để tham dự được kì thi năng lực tiếng Nhật, thì chữ Hán cần thiết phải học theo các trình độ là, sơ cấp khoảng 300 chữ, trung cấp khoảng 1,000 chữ, thượng cấp khoảng 2,000 chữ.

Nếu không nhớ chữ Hán, thì sẽ khó nhớ được nhiều từ vựng. Người nào muốn giỏi tiếng Nhật, thì nên học thật nhiều chữ Hán.

## ② Onyomi và kunyomi

Chữ Hán là chữ được sinh ra từ Trung Quốc. Được truyền vào Nhật từ khoảng 1,700 năm trước. Ở Nhật thời đó vì vẫn chưa có chữ, nên người Nhật đã sử dụng chữ Hán để viết tiếng Nhật Cách phát âm được truyền từ Trung Quốc sang cũng được sử dụng. Ví dụ, chữ Hán (車) âm Hán là (シャ), tiếng Nhật đọc là (くるま). Cả hai chữ (シャ) và (くるま) đều có nghĩa giống nhau. Vì thế, cho tới bây giờ, chữ (車) được đọc bằng cả hai cách (シャ) và (くるま). Tóm lại, cách đọc được hình thành dựa trên phát âm tiếng Trung Quốc được gọi là "Onyomi", và cách đọc theo những từ được dùng ở Nhật được gọi "Kunyomi" ⟶

Thông thường, trong từ điển "Onyomi" được viết bằng Katakana, "Kunyomi" được viết bằng Hiragana.

|  | Onyomi | Kunyomi |
|---|---|---|
| 人 | jin, nin | hito |
| 男 | dan | otoko |
| 女 | jo | onna |
| 子 | shi | ko |
| 車 | sha | kuruma |

### ③ Cách hình thành chữ Hán

Cách hình thành chữ Hán gồm có 4 cách sau. Trong đó, từ hình thanh là nhiều nhất.

1. **Hình tượng**: là sự biểu hiện của loại chữ tượng hình

山、川、田、米、雨

2. **Chỉ sự**: biểu hiện những từ mang tính trừ tượng thông qua các đường nét..v.v

一、二、三、上、中、下

3. **Hội ý**: là những từ được hình thành bằng cách lắp ghép các Hán tự dựa trên ý nghĩa của từ.

日＋月＝明　　木＋木＝林
人＋木＝休　　木＋木＋木＝森

4. **Từ hình thanh**: là từ được hình thành bằng cách kết hợp giữa phần biểu thị ý nghĩa và phần biểu thị âm thanh.
Hai chữ 「作」(tác) và 「昨」(tạc) là từ hình thanh sử dụng 「乍」(phần) thể hiện âm thanh: đọc là "saku". Cả hai "onyomi" đều được đọc là "saku"

人　　　＋　　乍　　　＝ 作
(Phần biểu hiện của ý nghĩa) (phần biểu hiện của âm thanh)
日　　　＋　　乍　　　＝ 昨
(Phần biểu hiện của ý nghĩa) (phần biểu hiện của âm thanh)

### ④ Trình tự viết chữ Hán

Chữ Hán, có cách viết theo thứ tự từng chữ. Nguyên tắc cơ bản là viết từ trên xuống dưới, từ trái sang phải. Chữ Hán có nhiều chữ được ghép lại từ các bộ của chữ Hán, nhưng khi viết cũng viết theo thứ tự bộ ở trên trước, bộ ở dưới sau và cũng viết bộ bên trái trước, bộ bên phải sau.

Thứ tự viết đã được quy định một cách hợp lý nhất khi viết chữ Hán đó, nên khi viết không tuân theo thứ tự viết, thì chữ Hán đó sẽ không được viết đúng. Hãy nhớ cách viết đúng theo thứ tự.

Tuy nhiên, hiện tại chữ Hán được sử dụng ở Nhật và chữ Hán được sử dụng ở Trung Quốc, Hàn Quốc, có hình dạng khác nhau, thứ tự viết cũng khác nhau, nên khi viết hãy chú ý cẩn thận .

### ⑤ Số nét của chữ Hán

Khi viết chữ Hán, một đường hay một chấm được viết liền thì được tính là một "nét". Và số đường, chấm cấu tạo nên chữ Hán thì được gọi là "số nét". Ví dụ, chữ 「三」( tam ) và 「川」( xuyên ) được viết bằng 3 nét, nên cả hai chữ đều có số nét viết là 3 .

### ⑥ Khi tra động từ bằng từ điển .

Động từ được ghi trong từ điển là động từ nguyên thể, nên khi tra động từ bằng từ điển, thì phải tìm động từ nguyên thể để tra .

▼ Cách chia động từ nguyên thể (thể từ điển)

| | ます形<br>けい<br>Thể ます | → | 辞書形<br>じ しょけい<br>Động từ nguyên thể<br>(thể từ điển) |
|---|---|---|---|
| Nhóm 1 | あ　い　ます<br>き　き　ます<br>いそ　ぎ　ます<br>か　し　ます<br>た　ち　ます<br>し　に　ます<br>あそ　び　ます<br>の　み　ます<br>かえ　り　ます | →<br>→<br>→<br>→<br>→<br>→<br>→<br>→<br>→ | あ　う<br>き　く<br>いそ　ぐ<br>か　す<br>た　つ<br>し　ぬ<br>あそ　ぶ<br>の　む<br>かえ　る |
| Nhóm 2 | たべ　ます<br>み　ます | →<br>→ | たべ　る<br>み　る |
| Nhóm 3 | します<br>きます | →<br>→ | する<br>くる |

## 1 人 2画 〔人〕 ノ 人

human being｜人｜사람 인｜NHÂN, người

ジン
ニン
ひと
∞

日本人 a Japanese｜日本人｜일본인｜người Nhật
〜人 counter for people｜〜人｜〜명｜người 〜
人 man, human being｜人｜사람｜người
大人 an adult｜大人｜어른｜người lớn
一人 one person｜一个人｜한명｜một người

アメリカ人 an American｜美国人｜미국인｜người Mỹ
人形 a doll｜人偶｜인형｜búp bê, con rối
人々 people｜人们｜사람들｜những người, thiên hạ
二人 two persons｜两个人｜두명｜hai người

人 人 人

## 2 男 7画 〔田〕 丨 冂 冂 冃 田 甲 男

man, male｜男｜사내 남｜NAM, nam giới

ダン
おとこ

男性 a man, male｜男性｜남성｜nam giới
男 a man, male｜男子, 男人｜남자｜nam, nam giới
男の子 a boy｜男孩子｜남자아이｜con trai

男 男 男

## 3 女 3画 〔女〕 く 女 女

woman, female｜女｜계집 녀｜NỮ, nữ giới

ジョ
おんな

女性 a woman, female｜女性｜여자｜nữ giới
女 a woman, female｜女子, 女人｜여자｜nữ, nữ giới
彼女 she｜她｜그녀｜chị ấy, bạn gái
女の子 a girl｜女孩子｜여자아이｜con gái

女 女 女

## 4 子 3画 〔子〕 フ 了 子

child｜子｜아들 자｜TỬ, con

シ
こ

男子 a boy｜男, 男子｜남자｜con trai
子ども a child｜孩子｜아이｜con, con nít
男の子 a boy｜男孩子｜남자아이｜con trai

女子 a girl｜女, 女子｜여자｜con gái
女の子 a girl｜女孩子｜여자아이｜con gái

子 子 子

5 **車** 7画 〔車〕 一 厂 厅 冃 百 亘 車
wheel｜车｜수레 차｜XA, xe cộ , bánh xe

シャ 電車 a train｜电车｜전철｜xe điện
くるま 車 a wheel, motor vehicle｜汽车｜차｜xe ô tô

| 車 | 車 | 車 | | | | | | | | | | | |
|---|---|---|---|---|---|---|---|---|---|---|---|---|---|

😮 **よみましょう** Write the reading of the following *kanji* in *hiragana*.

① 子どもが 一人

② 日本人

③ 電車

④ 女の子

⑤ 男子トイレ

⑥ アメリカの 車

⑦ 二人

⑧ 男の人

⑨ 彼女

⑩ 大人

✏️ **かきましょう** Write the correct *kanji* characters in the blank squares.

① ひとびと → ☐ 々

② こども → ☐ ども

③ おとこの ひと → ☐ の ☐

④ アメリカじん → アメリカ ☐

⑤ くるま → ☐

⑥ じょし トイレ → ☐ ☐ トイレ

⑦ だんせい → ☐ 性

⑧ でんしゃ → 電 ☐

⑨ おんなの こ → ☐ の ☐

⑩ にんぎょう → ☐ 形

6 山 **3画** 〔山〕 丨 屮 山
mountain｜山｜산 산｜SƠN, núi

やま 山 a mountain｜山｜산｜núi

| 山 | 山 | 山 | | | | | | | | | | | |
|---|---|---|---|---|---|---|---|---|---|---|---|---|

7 川 **3画** 〔川〕 ノ 丿 川
river｜川｜내 천｜XUYÊN, sông

かわ 川 a river｜河, 江, 川｜강｜sông　　　　　ナイル川 the Nile (River)｜尼罗河｜나일강｜sông Nile
中川 Nakagawa (Japanese surname)｜中川(姓)｜나카가와 ( 일본인 성 )｜Nakagawa (họ người Nhật)

| 川 | 川 | 川 | | | | | | | | | | | |
|---|---|---|---|---|---|---|---|---|---|---|---|---|

8 田 **5画** 〔田〕 丨 冂 冂 田 田
rice field｜田｜밭 전｜ĐIỀN, ruộng

た 田 a rice field｜田｜논｜ruộng　　　　　田んぼ a rice field｜水田, 田地｜논｜ruộng lúa
田中 Tanaka (Japanese surname)｜田中(姓)｜다나카 ( 일본인의 성 )｜Tanaka (họ người Nhật)
山田 Yamada (Japanese surname)｜山田(姓)｜야마다 ( 일본인 성 )｜Yamada (họ người Nhật)

| 田 | 田 | 田 | | | | | | | | | | | |
|---|---|---|---|---|---|---|---|---|---|---|---|---|

9 米 **6画** 〔米〕 丶 丷 丷 半 米 米
rice｜米｜쌀 미｜MỄ, gạo

こめ 米 rice｜米｜쌀｜gạo

| 米 | 米 | 米 | | | | | | | | | | | |
|---|---|---|---|---|---|---|---|---|---|---|---|---|

10  雨 8画 〔雨〕 一 丆 丆 币 币 雨 雨 雨

rain｜雨｜비 우｜Vũ, mưa

**あめ**　雨 rain｜雨｜비｜mưa

| 雨 | 雨 | 雨 |  |  |  |  |  |  |  |  |  |  |  |

### 😲 よみましょう　Write the reading of the following *kanji* in *hiragana*.

① タイの 米

② 山田さん

③ 人々

④ 三人

⑤ 雨の 日

⑥ アジアの 川

⑦ 田んぼ

⑧ 人形

⑨ アルプスの 山

⑩ 中川さん

### ✏️ かきましょう　Write the correct *kanji* characters in the blank squares.

① ひとり → 一 □

② こめ → □

③ たんぼ → □んぼ

④ やま → □

⑤ さんにん → 三 □

⑥ ナイルがわ → ナイル □

⑦ やまださん → □ □ さん

⑧ あめ → □

⑨ かわ → □

⑩ ふたり → 二 □

## 11 上

3画 〔一〕 ｜ 卜 上

up, above, superior｜上｜위 상｜THƯỢNG, trên, phần trên, lên

**ジョウ**

以上 more than｜以上｜이상｜hơn nữa, trở lên

上手な skillful｜拿手(的)，高明(的)｜능숙한｜giỏi, khéo

**うえ**

上 above, on｜上｜위｜trên, ở trên

**うわ**

上着 a coat, a jacket｜上衣｜겉 옷｜áo khoác

| 上 | 上 | 上 | | | | | | | | | | | |
|---|---|---|---|---|---|---|---|---|---|---|---|---|---|

## 12 中

4画 〔｜〕 ｜ 口 口 中

in, middle｜中｜가운데 중｜TRUNG, bên trong, ở giữa

**チュウ**

中学校 a junior high school｜(初級) 中学｜중학교｜trường cấp hai

中学生 a junior high school student｜初中生｜중학생｜học sinh cấp hai

午前中 in the morning｜中午以前｜오전중｜buổi sáng

**ジュウ**

世界中 all over the world｜世界上, 全世界｜세계중｜toàn thế giới, trên thế giới

**なか**

中 inside｜中, 中間｜안, 속｜bên trong, ở giữa

田中 Tanaka (Japanese surname)｜田中(姓)｜다나카 (일본인의 성)｜Tanaka (họ người Nhật)

| 中 | 中 | 中 | | | | | | | | | | | |
|---|---|---|---|---|---|---|---|---|---|---|---|---|---|

## 13 下

3画 〔一〕 一 丁 下

down, under, inferior｜下｜아래 하｜HẠ, xuống, phần dưới, kém

**カ**

地下鉄 a subway｜地铁｜지하철｜tàu điện ngầm

**した**

下 under, lower｜下, 下面｜아래｜dưới, ở dưới

下着 underwear｜内衣｜속 옷｜đồ lót

**くだ**

下手な unskillful｜笨拙(的), 不高明(的)｜서투른｜kém, dở

| 下 | 下 | 下 | | | | | | | | | | | |
|---|---|---|---|---|---|---|---|---|---|---|---|---|---|

## 14 左

5画 〔工〕 一 ナ 左 左 左

left｜左｜왼 좌｜TẢ, bên trái

**ひだり**

左 left｜左, 左边｜왼쪽｜bên trái

| 左 | 左 | 左 | | | | | | | | | | | |
|---|---|---|---|---|---|---|---|---|---|---|---|---|---|

## 15 右 5画 〔口〕 ノ ナ ナ 右 右
right｜右｜오른 우｜HỮU, bên phải

**みぎ** 右 right｜右, 右边｜오른쪽｜bên phải

| 右 | 右 | 右 | | | | | | | | | | | |
|---|---|---|---|---|---|---|---|---|---|---|---|---|---|

### よみましょう　Write the reading of the following *kanji* in *hiragana*.

① 下着

② 左と右

③ 下手な

④ 世界中

⑤ 上着

⑥ 上と下

⑦ 以上

⑧ 中学校

⑨ 午前中

⑩ 上手な

### かきましょう　Write the correct *kanji* characters in the blank squares.

① たなかさん → ☐☐ さん

② した → ☐

③ ひだり → ☐

④ ちゅうがくせい → ☐学生

⑤ ちかてつ → 地☐鉄

⑥ うえ → ☐

⑦ せかいじゅう → 世界☐

⑧ みぎ → ☐

⑨ いじょう → 以☐

⑩ ごぜんちゅう → 午前☐

## 16 明

8画 〔日〕 l � 冂 月 日 旳 明 明 明

bright,light｜明｜밝을 명｜MINH, sáng, ánh sáng

メイ  説明する to explain｜说明｜설명하다｜thuyết minh, giải thích

あか-るい  明るい bright, light｜明亮(的), 开朗(的)｜밝다｜sáng sủa, tươi tắn

⚭  明日 tomorrow｜明天, 明日｜내일｜ngày mai

| 明 | 明 | 明 | | | | | | | | | | | |
|---|---|---|---|---|---|---|---|---|---|---|---|---|---|

## 17 休

6画 〔亻〕 ノ 亻 仁 什 休 休

rest｜休｜쉴 휴｜HƯU, nghỉ

やす-む  休む to take a rest, to be absent｜休息; 请假, 不上班(不上学)｜휴식하다, 결석 · 결근하다｜nghỉ, nghỉ ngơi

休み rest, break, holiday, absence｜休息, 休假｜휴식｜nghỉ, ngày nghỉ

昼休み a lunch break｜午休｜점심후의 휴식 (시간)｜nghỉ trưa

| 休 | 休 | 休 | | | | | | | | | | | |
|---|---|---|---|---|---|---|---|---|---|---|---|---|---|

## 18 林

8画 〔木〕 一 十 才 木 木 村 材 林

woods｜林｜수풀 림｜LÂM, rừng thưa

はやし  林 woods, Hayashi (Japanese surname)｜树林, 林(姓)｜숲, 하야시 (일본인 성)｜rừng thưa, Hayashi (họ người Nhật)

| 林 | 林 | 林 | | | | | | | | | | | |
|---|---|---|---|---|---|---|---|---|---|---|---|---|---|

## 19 森

12画 〔木〕 一 十 才 木 木 朿 杂 杂 森 森 森

forest｜森｜나무 빽빽할 삼｜SÂM, rừng rậm

もり  森 forest, Mori (Japanese surname)｜树林, 森林, 森(姓)｜나무 빽빽할 삼｜rừng rậm, Mori (họ người Nhật)

| 森 | 森 | 森 | | | | | | | | | | | |
|---|---|---|---|---|---|---|---|---|---|---|---|---|---|

20 好 **6画** 〔女〕 く 女 女 女 好 好

like｜好｜좋아할 호｜HẢO, thích

**す-く**

好きな to like｜喜欢(的), 喜爱(的)｜좋아하는｜thich

大好きな to like very much｜非常喜欢(的)｜매우 좋아하는｜rất thích

| 好 | 好 | 好 | | | | | | | | | | | | |
|---|---|---|---|---|---|---|---|---|---|---|---|---|---|---|

**よみましょう** Write the reading of the following *kanji* in *hiragana*.

① 昼休み

② 明るい

③ 森さん

④ 休みます

⑤ 説明します

⑥ 林さん

⑦ 好きな

⑧ 森の中

**かきましょう** Write the correct *kanji* characters in the blank squares.

① だいすきな → 大 [　] きな

② ひるやすみ → 昼 [　] み

③ あかるい → [　] るい

④ もり → [　]

⑤ せつめいします → 説 [　] します

⑥ やすみます → [　] みます

⑦ はやしさん → [　] さん

⑧ あした → [　] 日

✻ **繰り返し符号**

「人々」のように同じ漢字１字を繰り返すとき、「々」を使います。ほかに、「国々」「代々木」などの例があります。

✻ **Reduplication sign**

If the same *kanji* character appears twice in a raw as in 人々, the reduplication sign 々 is used instead of the second character. Some other examples include 国々, 代々木, etc.

**もんだい1** **よみましょう** Write the reading of the following *kanji* in *hiragana* .

① 大好きな ② 大人

③ 上手な ④ 下手な

⑤ 森と 林 ⑥ 田中さんと 山田さん

⑦ ナイル川 ⑧ 日本人

⑨ 一人 ⑩ 女の人と 男の子

**もんだい2** **かきましょう** Write the correct *kanji* characters in the blank squares.

① やすみ → □み ② なか → □

③ くるま → □ ④ あめ → □

⑤ こめ → □ ⑥ あかるい → □るい

⑦ みぎとひだり → □と□ ⑧ うえと した → □と□

⑨ すきな → □きな ⑩ おとこのひと → □の□

**もんだい3** **何画目に かきますか** Write the consecutive stroke number in the following *kanji*.

れい （ 1 ）人（ 2 ） ① （ ） 川 （ ）
（ ）

② （ ） 山 （ ） ③ （ ） 女 （ ）
（ ） （ ）

📖 **ふりかえり** Review

→ 日本語で漢字がどのように使われているかがわかる。 はい ・ いいえ
Understand how *kanji* are used in Japanese. Yes No

→ 1課で勉強した漢字を読んだり、書いたりできる。 はい ・ いいえ
Read and write *kanji* you learned in lesson 1. Yes No

# 数字と色 Number and Color
すうじ　いろ

この課で学ぶこと　数字や色を表す漢字について考えましょう。
か　まな　　　　　　　　すうじ　いろ　あらわ　かんじ　かんが
What You Will Learn From This Lesson

① 百円セール　一九八〇円　SALE　十二月二十日〜三十一日セール!!

② 16000　千 円　五千円　一万円

## ✲ 日本語の書き方
にほんご　か　かた

　日本語は、伝統的には縦書きです。今でも、新聞や小説、辞書などは縦書きです。

　最近は、横書きのものが増えています。数字は、原則として縦書きのときは、漢字の数字を使います。横書きのときは、アラビア数字を使います。そうではない場合もあります。

## ✲ How to Write Japanese

Traditionally, Japanese is written vertically. Vertical writing is used to this day in publications such as newspapers, novels, and dictionaries.

Recently, horizontal writing has become more common. In general, *Kanji* numerals are used for vertical writing. Arabic numerals are used for horizontal writing.

## 21

**一** **1画** 一
〔一〕
one｜一｜한 일｜NHẤT, một

**イチ**
いち
一 one｜一｜일｜một

いち ど
一度 once｜一次｜한 번｜một lần

ひと つき
一月 one month｜一个月｜한 달｜một tháng

**ひと**

**ひと-つ**
ひと
一つ one｜一, 一个｜하나｜một cái

**○○**
ひと り
一人 one person｜一个人｜한 명｜một người

いち がつ
一月 January｜一月｜일월｜tháng một

いち にち
一日 one day｜一天｜하루｜một ngày

いち じ
一時 one o'clock｜一点｜한 시｜một giờ

ついたち
一日 the first day of the month｜一日, 一号｜일일｜
ngày mùng một

## 22

**二** **2画** 一 二
〔二〕
two｜二｜두 이｜NHÌ, NHỊ, hai

**ニ**
に
二 two｜二｜이｜hai

**ふた-つ**
ふた
二つ two｜两, 两个｜둘｜hai cái

**○○**
ふた り
二人 two persons｜两个人｜두 명｜
hai người

はつ か
二十日 the twentieth day of the month, twenty days｜二十日, 二十号, 二十天｜이십일｜
ngày hai mươi

は た ち
二十歳 twenty years of age｜二十岁｜스무살｜hai mươi tuổi

に がつ
二月 February｜二月｜이월｜tháng hai

ふつ か
二日 the second day of the month, two days｜二日, 二号, 两天｜이일｜
ngày mùng hai, hai ngày

に じ
二時 two o'clock｜两点｜두 시｜hai giờ

## 23

**三** **3画** 一 二 三
〔一〕
three｜三｜석 삼｜TAM, ba

**サン**
さん
三 three｜三｜삼｜ba

さん じ
三時 three o'clock｜三点｜세 시｜ba giờ

**みっ-つ**
みっ
三つ three｜三, 三个｜셋｜ba cái

さん がつ
三月 March｜三月｜삼월｜tháng ba

さん にん
三人 three persons｜三个人｜세 명｜ba người

みっ か
三日 the third day of the month, three days｜三日, 三号, 三天｜
삼일｜ngày mùng ba, ba ngày

## 24

**四** **5画** 丨 冂 冈 四 四
〔囗〕
four｜四｜넉 사｜TỨ, bốn

**シ**
し
四 four｜四｜사｜bốn

**よっ-つ**
よっ
四つ four｜四, 四个｜넷｜bốn cái

**よ**
よ じ
四時 four o'clock｜四点｜네시｜bốn giờ

**よん**
よんひゃく
四百 400｜四百｜사백｜bốn trăm

し がつ
四月 April｜四月｜사월｜tháng tư

よっ か
四日 the fourth day of the month, four days｜四日, 四号, 四天｜
사일｜ngày mùng bốn, bốn ngày

よ にん
四人 four persons｜四个人｜네 명｜bốn người

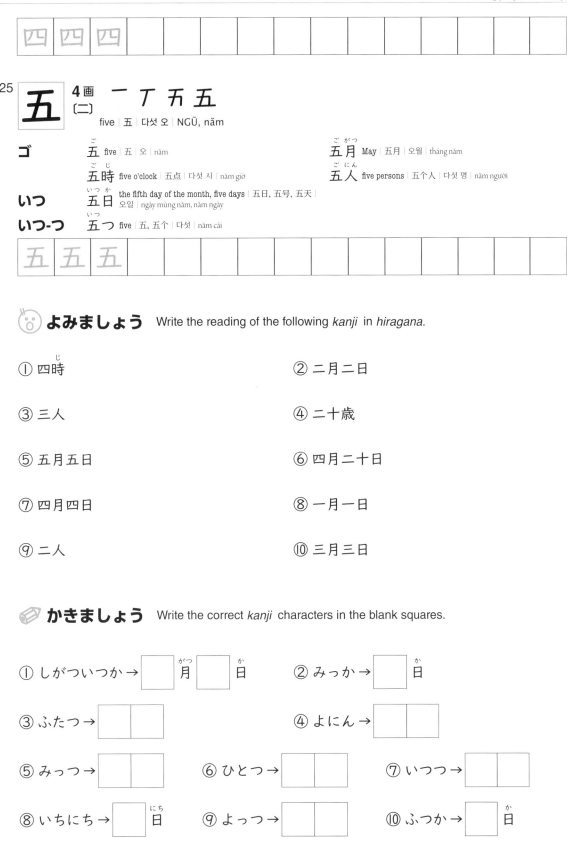

| 四 | 四 | 四 | | | | | | | | | | | |

**25** 五 **4画 [二]** 一 丁 五 五

five | 五 | 다섯 오 | NGŨ, năm

**ゴ**
五 five | 五 | 오 | năm
五時 five o'clock | 五点 | 다섯 시 | năm giờ
五月 May | 五月 | 오월 | tháng năm
五人 five persons | 五个人 | 다섯 명 | năm người

**いつ**
五日 the fifth day of the month, five days | 五日, 五号, 五天 | 오일 | ngày mùng năm, năm ngày

**いつ-つ**
五つ five | 五, 五个 | 다섯 | năm cái

| 五 | 五 | 五 | | | | | | | | | | | |

## よみましょう Write the reading of the following *kanji* in *hiragana*.

① 四時

② 二月二日

③ 三人

④ 二十歳

⑤ 五月五日

⑥ 四月二十日

⑦ 四月四日

⑧ 一月一日

⑨ 二人

⑩ 三月三日

## かきましょう Write the correct *kanji* characters in the blank squares.

① しがついつか → ☐ 月 ☐ 日

② みっか → ☐ 日

③ ふたつ → ☐☐

④ よにん → ☐☐

⑤ みっつ → ☐☐

⑥ ひとつ → ☐☐

⑦ いつつ → ☐☐

⑧ いちにち → ☐ 日

⑨ よっつ → ☐☐

⑩ ふつか → ☐ 日

## 26 六

4画 〔八〕 　一 ナ 六 六

six｜六｜여섯 육｜LỤC, sáu

**ロク**
六 ろく six｜六｜육｜sáu
六月 ろくがつ June｜六月｜유월｜tháng sáu
六時 ろくじ six o'clock｜六点｜여섯 시｜sáu giờ
六人 ろくにん six persons｜六个人｜여섯 명｜sáu người
六百 ろっぴゃく six hundred｜六百｜육백｜sáu trăm

**むっ-つ**
六つ むっつ six｜六, 六个｜여섯｜sáu cái

**むい**
六日 むいか the sixth day of the month, six days｜六日, 六号, 六天｜육 일｜ngày mùng sáu, sáu ngày

六 六 六

## 27 七

2画 〔一〕 　一 七

seven｜七｜일곱 칠｜THẤT, bảy

**シチ**
七 しち seven｜七｜칠｜bảy
七月 しちがつ July｜七月｜칠월｜tháng bảy
七時 しちじ seven o'clock｜七点｜일곱 시｜bảy giờ
七人 しちにん seven persons｜七个人｜일곱 명｜bảy người

**なな**
七人 ななにん seven persons｜七个人｜일곱명｜bảy người

**なな-つ**
七つ なな seven｜七, 七个｜일곱｜bảy cái

**なの**
七日 なのか the seventh day of the month, seven days｜七日, 七号, 七天｜칠일｜ngày mùng bảy, bảy ngày

七 七 七

## 28 八

2画 〔八〕 　ノ 八

eight｜八｜여덟 팔｜BÁT, tám

**ハチ**
八 はち eight｜八｜팔｜tám
八月 はちがつ August｜八月｜팔월｜tháng tám
八時 はちじ eight o'clock｜八点｜여덟 시｜tám giờ
八人 はちにん eight persons｜八个人｜여덟 명｜tám người
八百 はっぴゃく eight hundred｜八百｜팔백｜tám trăm

**やっ-つ**
八つ やっ eight｜八, 八个｜여덟｜tám cái

**よう**
八日 ようか the eighth day of the month, eight days｜八日, 八号, 八天｜팔 일｜ngày mùng tám, tám ngày

**◯◯**
八百屋 やおや a fruit and vegetable shop｜蔬菜店｜채소가게｜cửa hàng rau quả

八 八 八

## 29 九

2画 〔乙〕 　ノ 九

nine｜九｜아홉 구｜CỬU, chín

**キュウ**
九 きゅう nine｜九｜구｜chín
九人 きゅうにん nine persons｜九个人｜아홉명｜chín người
九百 きゅうひゃく nine hundred｜九百｜구백｜chín trăm

**ク**
九月 くがつ September｜九月｜구월｜tháng chín
九時 くじ nine o'clock｜九点｜아홉 시｜chín giờ
九人 くにん nine persons｜九个人｜아홉명｜chín người

**ここの**
九日 ここのか the ninth day of the month, nine days｜九日, 九号, 九天｜구일｜ngày mùng chín, chín ngày

**ここの-つ**
九つ ここの nine｜九, 九个｜아홉｜chín cái

| 九 | 九 | 九 |  |  |  |  |  |  |  |  |  |  |  |

**30**

| 十 | 2画 〔十〕 一 十 |
|---|---|

ten｜十｜열 십｜THẬP, mười

**ジュウ**

十 ten｜十｜십｜mười

<ruby>十時<rt>じゅうじ</rt></ruby> ten o'clock｜十点｜열 시｜mười giờ

<ruby>十分<rt>じゅっぷん</rt></ruby> ten minutes｜十分, 十分钟｜십분｜mười phút

<ruby>十月<rt>じゅうがつ</rt></ruby> October｜十月｜시월｜tháng mười

<ruby>十一月<rt>じゅういちがつ</rt></ruby> November｜十一月｜시월｜tháng mười một

<ruby>十二月<rt>じゅうにがつ</rt></ruby> December｜十二月｜십일월｜tháng mười hai

**ジッ**

<ruby>十分<rt>じっぷん</rt></ruby> ten minutes｜十分, 十分钟｜십분｜mười phút

**とお**

十 ten｜十, 十个｜열｜mười

<ruby>十日<rt>とおか</rt></ruby> the tenth day of the month, ten days｜十日, 十号, 十天｜십일｜ngày mùng mười

**◯◯**

<ruby>二十日<rt>はつか</rt></ruby> the twentieth day of the month, twenty days｜二十日, 二十号, 二十天｜이십일｜ngày hai mươi

<ruby>二十歳<rt>はたち</rt></ruby> twenty years of age｜二十岁｜스무살｜hai mươi tuổi

| 十 | 十 | 十 |  |  |  |  |  |  |  |  |  |  |  |

### 😲 よみましょう　Write the reading of the following *kanji* in *hiragana*.

① 七<ruby>時<rt>じ</rt></ruby>

② 十一月一日

③ 九<ruby>時<rt>じ</rt></ruby>

④ 八月八日

⑤ 十二月二十日

⑥ 九月九日

⑦ 六月六日

⑧ 十月十日

⑨ 七月七日

⑩ 八<ruby>時<rt>じ</rt></ruby>

### ✏️ かきましょう　Write the correct *kanji* characters in the blank squares.

① ここのつ → ☐☐

② なのか → ☐ <ruby>日<rt>か</rt></ruby>

③ じゅういちじ → ☐☐ <ruby>時<rt>じ</rt></ruby>

④ むっつ → ☐☐

⑤ じゅうじ → ☐ <ruby>時<rt>じ</rt></ruby>

⑥ やっつ → ☐☐

⑦ ろくじ → ☐ <ruby>時<rt>じ</rt></ruby>

⑧ ようか → ☐ <ruby>日<rt>か</rt></ruby>

⑨ とお → ☐

⑩ ななつ → ☐☐

## 31 百 6画 〔白〕 一 ア ア 万 百 百
hundred｜百｜백백｜BÁCH, trăm

**ヒャク**

ひゃく
百 one hundred｜百｜백｜trăm, một trăm

さんびゃく
三百 three hundred｜三百｜삼백｜ba trăm

ろっぴゃく
六百 six hundred｜六百｜육백｜sáu trăm

はっぴゃく
八百 eight hundred｜八百｜팔백｜tám trăm

○○
やおや
八百屋 a fruit and vegetable shop｜蔬菜店｜채소 가게｜cửa hàng rau quả

| 百 | 百 | 百 | | | | | | | | | | |
|---|---|---|---|---|---|---|---|---|---|---|---|---|

## 32 千 3画 〔十〕 ノ ニ 千
thousand｜千｜일천 천｜THIÊN, nghìn, ngàn

**セン**

せん
千 one thousand｜千｜천｜ngàn, nghìn

せんえん
千円 1000 yen｜一千日圓｜천엔｜một ngàn (nghìn) yên

さんぜん
三千 three thousand｜三千｜삼천｜ba ngàn (nghìn)

はっせん
八千 eight thousand｜八千｜팔천｜tám ngàn (nghìn)

| 千 | 千 | 千 | | | | | | | | | | |
|---|---|---|---|---|---|---|---|---|---|---|---|---|

## 33 万 3画 〔一〕 一 ラ 万
ten thousand｜万｜일만 만｜VẠN, mười nghìn

**マン**

いちまん
一万 ten thousand｜一万｜일만｜mười ngàn (nghìn)

ひゃくまん
百万 one million｜百万｜백만｜một triệu

| 万 | 万 | 万 | | | | | | | | | | |
|---|---|---|---|---|---|---|---|---|---|---|---|---|

## 34 円 4画 〔口〕 丨 冂 冂 円
circle, yen｜圓｜둥글 원｜VIÊN, yên nhật, tròn, đầy đủ

**エン**

えん
円 a circle, yen｜圓圈, (日)元｜원, 엔｜tròn, yên nhật

えん
〜円 〜 yen｜〜日圓｜〜엔｜〜 yên

| 円 | 円 | 円 | | | | | | | | | | |
|---|---|---|---|---|---|---|---|---|---|---|---|---|

35 色 **6画** 〔色〕 ノ ク 夕 名 色 色

color | 色 | 빛 색 | SẮC, màu

**いろ** 色 color | 色, 顔色 | 색 | sắc, màu

| 色 | 色 | 色 | | | | | | | | | | | | |
|---|---|---|---|---|---|---|---|---|---|---|---|---|---|---|

😮 **よみましょう** Write the reading of the following *kanji* in *hiragana*.

① 九十万人　　　　　　② オレンジ色

③ 一万九千円　　　　　④ 千六百円

⑤ 八百屋　　　　　　　⑥ 三千円

⑦ 七百万人　　　　　　⑧ 八千円

⑨ 六千八百円　　　　　⑩ 三百円

✏️ **かきましょう** Write the correct *kanji* characters in the blank squares.

① いちまんえん →　□□□　　② せんえん →　□□

③ ひゃくまんにん →　□□□　　④ いちえん →　□□

⑤ いろ →　□　　　　　　⑥ じゅうまんにん →　□□□

⑦ ひゃくえん →　□□　　⑧ じゅうえん →　□□

⑨ ごせんえん →　□□□　　⑩ ごじゅうえん →　□□□

**36 白** 5画 〔白〕 ´ 亻 冂 白 白
white｜白｜흰 백｜BẠCH, trắng

**しろ** 白 white｜白｜백, 한색｜màu trắng
**しろ-い** 白い white｜白(的)｜희다｜trắng

| 白 | 白 | 白 | | | | | | | | | | | |
|---|---|---|---|---|---|---|---|---|---|---|---|---|---|

**37 黒** 11画 〔黒〕 丶 冂 冂 日 甲 甲 里 畢 黒 黒 黒
black｜黑｜검은빛 흑｜HẮC, đen

**くろ** 黒 black｜黑｜검정｜màu đen
**くろ-い** 黒い black｜黑(的)｜검다｜đen

| 黒 | 黒 | 黒 | | | | | | | | | | | |
|---|---|---|---|---|---|---|---|---|---|---|---|---|---|

**38 赤** 7画 〔赤〕 一 十 土 ナ 亦 赤 赤
red｜赤｜붉을 적｜XÍCH, đỏ

**あか** 赤 red｜赤, 红｜빨강｜màu đỏ     赤ちゃん a baby｜小宝宝, 婴儿｜아기｜em bé
**あか-い** 赤い red｜赤(的),红(的)｜붉다, 빨갛다｜đỏ

| 赤 | 赤 | 赤 | | | | | | | | | | | |
|---|---|---|---|---|---|---|---|---|---|---|---|---|---|

**39 青** 8画 〔青〕 一 十 キ 圭 主 青 青 青
blue｜青｜푸를 청｜THANH, xanh

**あお** 青 blue｜青｜파랑｜màu xanh
**あお-い** 青い blue｜青(的)｜파랗다｜xanh

| 青 | 青 | 青 | | | | | | | | | | | |
|---|---|---|---|---|---|---|---|---|---|---|---|---|---|

40 **黄** **11画** 〔黄〕 一 十 卄 芏 芖 苎 苎 苗 苗 黄 黄

yellow｜黄｜누를 황｜HOÀNG, vàng

き

黄色 yellow｜黄色｜노랑｜màu vàng

黄色い yellow｜黄色(的)｜노랗다｜vàng

黄 黄 黄 | | | | | | | | | | | |

---

😮 **よみましょう** Write the reading of the following *kanji* in *hiragana*.

① その 黄色い シャツは いくらですか。 How much is that yellow shirt?

② あの 赤ちゃんは 女の子です。 That baby is a girl.

③ 私は 白が 好きです。 I like white color.

④ この 黒いペンは 山田さんのです。 This black pen is Yamada's one.

⑤ 田中さんの 車は 青いです。 Mr. Tanaka's car is a blue one.

---

✏️ **かきましょう** Write the correct *kanji* characters in the blank squares.

① あか → ☐ ② しろ → ☐

③ あおい → ☐☐ ④ くろい → ☐☐

⑤ きいろい → ☐☐☐ ⑥ しろい → ☐☐

⑦ くろ → ☐ ⑧ あかい → ☐☐

⑨ きいろ → ☐☐ ⑩ あお → ☐

**もんだい1　よみましょう** Write the reading of the following *kanji* in *hiragana*.

① 一人　　　　　　　② 二月二十日

③ 四人　　　　　　　④ 七月五日

⑤ 一万三千六百五十円　⑥ 三つ

⑦ 六つ　　　　　　　⑧ 赤と青

⑨ 九つ　　　　　　　⑩ 八百屋

**もんだい2　かきましょう** Write the correct *kanji* characters and *hiragana* in the blank squares.

① くがつとおか → □ 月 □ 日　② きいろ → □□

③ ふたつ → □□　④ しろいくるま → □□□

⑤ さんがつよっか → □ 月 □ 日　⑥ しがつようか → □ 月 □ 日

⑦ ごせんえん → □□□　⑧ ひゃくまんにん → □□□

⑨ しちがつここのか → □ 月 □ 日　⑩ ひとり → □□

**もんだい3　何画目に かきますか** Write the consecutive stroke number in the following *kanji*.

れい　( 1 ) 人 ( 2 )

① ( ) 万 ( ) ( )

② ( ) ( ) 四 ( ) ( )

③ ( ) ( ) 五 ( ) ( )

**ふりかえり** Review

→ 漢数字と色の漢字が使われている単語を見て、意味がわかる。　はい ・ いいえ
Understand the meaning of words that include *kanji* for numbers and colors when you see them.　Yes　No

→ 2課で勉強した漢字を読んだり、書いたりできる。　はい ・ いいえ
Read and write *kanji* you learned in lesson 2.　Yes　No

# おぼえましょう１

**月 Month**

| | | | |
|---|---|---|---|
| いちがつ<br>一月 | ごがつ<br>五月 | くがつ<br>九月 | なんがつ<br>何月 |
| にがつ<br>二月 | ろくがつ<br>六月 | じゅうがつ<br>十月 | |
| さんがつ<br>三月 | しちがつ<br>七月 | じゅういちがつ<br>十一月 | |
| しがつ<br>四月 | はちがつ<br>八月 | じゅうにがつ<br>十二月 | |

**日 Date**

| | | | |
|---|---|---|---|
| ついたち<br>一日 | じゅういちにち<br>十一日 | にじゅういちにち<br>二十一日 | さんじゅういちにち<br>三十一日 |
| ふつか<br>二日 | じゅうににち<br>十二日 | にじゅうににち<br>二十二日 | |
| みっか<br>三日 | じゅうさんにち<br>十三日 | にじゅうさんにち<br>二十三日 | なんにち<br>何日 |
| よっか<br>四日 | じゅうよっか<br>十四日 | にじゅうよっか<br>二十四日 | |
| いつか<br>五日 | じゅうごにち<br>十五日 | にじゅうごにち<br>二十五日 | |
| むいか<br>六日 | じゅうろくにち<br>十六日 | にじゅうろくにち<br>二十六日 | |
| なのか<br>七日 | じゅうしちにち<br>十七日 | にじゅうしちにち<br>二十七日 | |
| ようか<br>八日 | じゅうはちにち<br>十八日 | にじゅうはちにち<br>二十八日 | |
| ここのか<br>九日 | じゅうくにち<br>十九日 | にじゅうくにち<br>二十九日 | |
| とおか<br>十日 | はつか<br>二十日 | さんじゅうにち<br>三十日 | |

## ✻ 色

日本語では、色の表現に、い形容詞（白い・黒い・赤い・青い・黄色い）を使うときと、名詞（白･黒･赤･青･黄色）を使うときがあります。い形容詞を使うときは、そのものの状態を表します。色の名前をいうときは、名詞を使います。

## ✻ Colors

In Japanese, colors can be denoted by either i-adjectives (*shiroi, kuroi, akai, aoi, kiiroi* ) or nouns (*shiro, kuro, aka, ao, kiiro*). I-adjectives are normally used when referring to properties, whereas nouns are used when naming colours themselves.

赤で
ぬりましょう

青で
ぬりましょう

黒で
ぬりましょう

黄色で
ぬりましょう

## ✻ 送りがな

「(東京へ) いきます」を漢字で書くとき、漢字とひらがなの両方を使って、「行きます」と書きます。ひらがなで書かれた「きます」を送りがなといいます。漢字を覚えるときは、漢字だけを覚えないで、送りがなもいっしょに覚えましょう。

## ✻ *Okurigana*

One will notice that when writing verbs and adjectives both *kanji* and *hiragana* are used within the same word. It is because normally the part roughly corresponding to the stem is written with *kanji* and the suffixes and/or endings are written with *hiragana* as in 東京へ行きます "I am going to Tokyo". The *hiragana* part of a verb or adjective is called *okurigana*. When learning new vocabulary, one should remember which part of a word is written with *kanji* and which part is written with *hiragana*.

# 3課

わたし　いっしゅうかん
# 私の 一週間　My Schedule for the Week

この課で学ぶこと　曜日や一週間にすることを表す漢字を考えましょう。
What You Will Learn From This Lesson

月曜日
10:00〜4:00 にほんご

火曜日
　大学　アルバイト

水曜日
　10:00〜4:00 にほんご

木曜日
　大学　アルバイト

金曜日
　テスト

土曜日
　6:00
　じょう
　林さんのたん生日パーティー

日曜日
　くに
　国へ

月曜日
10:00
11:00　にほんご
12:00
13:00
14:00
15:00
16:00
17:00
18:00

　　　　　　　　　　　なん
1　にほんごの クラスは 何曜日ですか。
　　　　　　　　　なん
2　アルバイトは 何曜日ですか。
　なん
3　何曜日に 大学へ 行きますか。
　　　　　　　　　　　　　なんじ
4　土曜日の パーティーは 何時に 始まりますか。
　　　　くに
5　いつ 国へ 帰りますか。

41 **月** 4画 〔月〕 丿 几 月 月
moon｜月｜달 월｜NGUYỆT, trăng

ゲツ
げつようび
月曜日 Monday｜星期一｜월요일｜thứ hai
まいげつ
毎月 every month｜每个月｜매월｜mỗi tháng

先月 last month｜上个月｜지난 달｜tháng trước
しょうがつ
正月 the New Year, New Year's Day｜正月｜새해｜tết, năm mới (dương lịch)

ガツ
いちがつ
一月 January｜一月(份)｜1 월｜tháng một
まいつき
毎月 every month｜每(个)月｜매월｜mỗi tháng

つき
月 the moon｜月亮｜달｜trăng
ひとつき
一月 one month｜一个月｜한 달｜một tháng

月 月 月

42 **火** 4画 〔火〕 丶 丷 少 火
fire｜火｜불 화｜HOẢ, lửa

カ
かようび
火曜日 Tuesday｜星期二｜화요일｜thứ ba

かじ
火事 a fire｜火灾｜화재｜cháy, hoả hoạn

ひ
火 fire｜火｜불｜hỏa

火 火 火

43 **水** 4画 〔水〕 丿 水 水 水
water｜水｜물 수｜THUỶ, nước

スイ
すいようび
水曜日 Wednesday｜星期三｜수요일｜thứ tư
すいどう
水道 a water supply｜自来水｜수도｜đường nước, nước máy

すいえい
水泳 swimming｜游泳｜수영｜bơi lội

みず
みず
水 water｜水｜물｜nước

水 水 水

44 **木** 4画 〔木〕 一 十 才 木
tree｜木｜나무 목｜MỘC, cây

モク
もくようび
木曜日 Thursday｜星期四｜목요일｜thứ năm

き
き
木 a tree｜木｜나무｜mộc, cây

木 木 木

45 金 **8画** 〔金〕 ノ 人 人 今 全 全 金 金

metal, gold, money｜金｜쇠 금｜KIM, kim loại, vàng, tiền

キン 金曜日 Friday｜星期五｜금요일｜thứ sáu

かね お金 money｜钱｜돈｜tiền　　　お金持ちの rich｜有钱(的), 富(的)｜부자의｜giàu có

| 金 | 金 | 金 | | | | | | | | | | | | |
|---|---|---|---|---|---|---|---|---|---|---|---|---|---|---|

**よみましょう** Write the reading of the following *kanji* in *hiragana*.

① 木曜日　② お金持ち

③ 先月　④ 火曜日

⑤ 火事　⑥ 水曜日

⑦ 正月　⑧ 金曜日

⑨ 月曜日　⑩ 水道

**かきましょう** Write the correct *kanji* characters in the blank squares.

① おかね→お□　② すいようび→□曜日

③ かようび→□曜日　④ もりの き→□の□

⑤ みず→□　⑥ げつようび→□曜日

⑦ もくようび→□曜日　⑧ くがつ→□□

⑨ ひとつき→□□　⑩ きんようび→□曜日

**46** 土 **3画** 〔土〕 一 十 土
soil｜土｜흙 토｜THỔ, đất

ド　土曜日 Saturday｜星期六｜토요일｜thứ bảy

○○　お土産 a souvenir, a present｜土特产, 礼品｜선물｜quà

| 土 | 土 | 土 | | | | | | | | | | | | |
|---|---|---|---|---|---|---|---|---|---|---|---|---|---|---|

**47** 日 **4画** 〔日〕 丨 冂 冃 日
sun, day｜日｜날 일｜NHẬT, mặt trời, ngày

ニチ　日曜日 Sunday｜星期日, 星期天｜일요일｜chủ nhật　　一日 one day｜一天｜1 일｜một ngày

　　毎日 every day｜每天, 每日｜매일｜mỗi ngày

ひ　日 sun, day, date｜日｜해｜mặt trời, ngày

か　二日 the second day of the month, two days｜二日, 二号, 两天｜이일｜ngày mùng hai, hai ngày　　三日 the third day of the month, three days｜三日, 三号, 三天｜삼일｜ngày mùng ba, ba ngày

○○　昨日 yesterday｜昨天｜어제｜hôm qua　　今日 today｜今天｜오늘｜hôm nay

　　明日 tomorrow｜明天｜내일｜ngày mai　　一日 the first day of the month｜一号｜초하루, 1 일｜ngày mùng một

| 日 | 日 | 日 | | | | | | | | | | | | |
|---|---|---|---|---|---|---|---|---|---|---|---|---|---|---|

**48** 曜 **18画** 〔日〕 丨 冂 冃 日 𦜝 𦜝 𦜝 𦜝 𦜝 𦜝 𦜝 𦜝 𦜝 𦜝 曜 曜 曜
day of the week｜曜｜빛날 요｜DIỆU, ngày trong tuần, thứ

ヨウ　〜曜日 day of the week｜星期〜｜〜요일｜thứ 〜

| 曜 | 曜 | 曜 | | | | | | | | | | | | |
|---|---|---|---|---|---|---|---|---|---|---|---|---|---|---|

**49** 毎 **6画** 〔毎〕 ノ 仁 仁 毎 毎 毎
every｜每｜매양 매｜MAI, mỗi

マイ　毎日 every day｜每天｜매일｜mỗi ngày　　毎週 every week｜每周｜매주｜mỗi tuần

　　毎朝 every morning｜每天早上｜매일 아침｜mỗi sáng　　毎晩 every evening, every night｜每晩｜매일 밤｜mỗi tối

| 毎 | 毎 | 毎 | | | | | | | | | | | | |
|---|---|---|---|---|---|---|---|---|---|---|---|---|---|---|

50 週 **11画** 〔辶〕 丿 刀 刀 冂 用 用 周 周 冂 凋 週

week｜周｜둘레 주｜CHU, tuần

**シュウ**　〜週間 〜 week｜〜周, 〜个星期｜〜주일, 〜주간｜tuần 〜

今週 this week｜这周, 本周｜이번 주｜tuần này

先週 last week｜上周｜지난 주｜tuần trước

来週 next week｜下周｜다음 주｜tuần sau

| 週 | 週 | 週 | | | | | | | | | | |
|---|---|---|---|---|---|---|---|---|---|---|---|---|

😮 **よみましょう**　Write the reading of the following *kanji* in *hiragana*.

① 来週

② 今日

③ 三月三日

④ 日曜日

⑤ お土産

⑥ 毎日

⑦ 今週

⑧ 土曜日

⑨ 昨日

⑩ 一月一日

✏️ **かきましょう**　Write the correct *kanji* characters in the blank squares.

① まいしゅう →

② ついたち →

③ どようび →

④ あした →

⑤ にちようび →

⑥ やすみの ひ → □ みの □

⑦ いちにち →

⑧ みっか →

⑨ せんしゅう → 先 □

51 **行** 6画 〔行〕 ノ ノ 彳 彳 行 行
go, act｜行｜다닐 행｜HÀNH, đi, tổ chức

**コウ**
銀行 a bank｜银行｜은행｜ngân hàng
急行 an express (train)｜快车｜급행｜tốc hành
旅行する to travel, to make a trip｜旅游, 旅行｜여행하다｜đi du lịch
飛行機 an airplane｜飞机｜비행기｜máy bay

**い-く** 行く to go｜去｜가다｜đi

**おこな-う** 行う to do, to act｜实行, 举行｜(일을) 하다, 실시하다, 거행하다｜tổ chức

| 行 | 行 | 行 | | | | | | | | | | | |
|---|---|---|---|---|---|---|---|---|---|---|---|---|---|

52 **来** 7画 〔人〕 一 丆 ㄷ ㅛ 平 来 来
come｜来｜올 래｜LAI, đến

**ライ**
来週 next week｜下周｜다음 주｜tuần sau
来年 next year｜明年｜내년｜năm sau
来月 next month｜下个月｜다음 달｜tháng sau

**く-る** 来る to come｜来｜오다｜đến
※「来ます」「来て」「来ない」「来た」と読みます。

| 来 | 来 | 来 | | | | | | | | | | | |
|---|---|---|---|---|---|---|---|---|---|---|---|---|---|

53 **帰** 10画 〔巾〕 丨 刂 刂 刁 刂ㄱ 刂ㅋ 刂ㅋ 归 帰 帰
return｜归｜돌아올 귀｜QUY, về

**かえ-る** 帰る to return, to come back｜回, 归｜돌아가다｜về

| 帰 | 帰 | 帰 | | | | | | | | | | | |
|---|---|---|---|---|---|---|---|---|---|---|---|---|---|

54 **始** 8画 〔女〕 く 女 女 女 妒 妒 始 始
begin｜始｜비로소 시｜THUỶ, bắt đầu

**はじ-まる** 始まる to begin, to start｜开始｜시작되다｜bắt đầu, khởi đầu
**はじ-める** 始める to begin, to start｜开始｜시작하다｜bắt đầu, khởi đầu

| 始 | 始 | 始 | | | | | | | | | | | |
|---|---|---|---|---|---|---|---|---|---|---|---|---|---|

55 **終** 11画 〔糸〕

end｜终｜마칠 종｜CHUNG, kết thúc

**お-わる**　終(お)わる to end, to finish｜结束｜끝나다｜xong, kết thúc

| 終 | 終 | 終 | | | | | | | | | | | | |
|---|---|---|---|---|---|---|---|---|---|---|---|---|---|---|

## よみましょう　Write the reading of the following *kanji* in *hiragana.*

① 終わります　② 行きます
③ 来ます　④ 急(きゅう)行
⑤ 帰ります　⑥ 来る
⑦ 始めます　⑧ 銀(ぎん)行
⑨ 来ない　⑩ 来月

## かきましょう　Write the correct *kanji* characters in the blank squares.

① いきます→□□□□　② らいしゅう→□□
③ おわります→□□□□□　④ ひこうき→飛(ひ)□機(き)
⑤ はじめます→□□□□　⑥ かえります→□□□□
⑦ くる→□□　⑧ おこなう→□□
⑨ りょこうします→旅(りょ)□□□□　⑩ きます→□□□

### 自動詞(じどうし)と他動詞(たどうし)

動詞(どうし)には自動詞(じどうし)と他動詞(たどうし)があります。目的語(もくてきご)を取(と)る動詞(どうし)が他動詞(たどうし)、目的語(もくてきご)を取(と)らない動詞(どうし)が自動詞(じどうし)です。

３課(か)の「始(はじ)まる」は自動詞(じどうし)（例(れい)：授業(じゅぎょう)が始(はじ)まる）、「始(はじ)める」は他動詞(たどうし)（例(れい)：先生(せんせい)が授(じゅ)業(ぎょう)を始(はじ)める）です。

### Intransitive Verbs and Transitive Verbs

There are two types of verbs: transitive and intransitive verbs.Verbs that require an object are transitive verbs, and verbs that do not require an object are intransitive verbs."始まる" in Lesson 3 is an intransitive verb (example: 授業が始まる (The class begins)). On the other hand, "始める" is a transitive verb (example: 先生が授業を始める (The teacher begins the class).

**56** 起 **10画**〔走〕 一 十 土 キ キ 走 走 起 起 起

rise｜起｜일어날 기｜KHỞI, thức dậy, gọi dậy

**お-きる** 起きる to get up, to wake up｜起床｜일어나다｜thức dậy

**お-こす** 起こす to wake｜立起｜일으키다｜gọi dậy

| 起 | 起 | 起 | | | | | | | | | | | |
|---|---|---|---|---|---|---|---|---|---|---|---|---|---|

**57** 寝 **13画**〔宀〕 ` ´ ` 宀 宀 宀 宀 宀 宀 宀 宀 寝 寝

sleep｜寝｜잠잘 침｜TẨM, ngủ

**ね-る** 寝る to go to bed｜睡觉｜자다｜ngủ, đi ngủ

| 寝 | 寝 | 寝 | | | | | | | | | | | |
|---|---|---|---|---|---|---|---|---|---|---|---|---|---|

**58** 働 **13画**〔亻〕 ノ 亻 亻 亻 亻 亻 佢 佢 佢 偅 偅 働 働

work｜働〈日本汉字〉＝动｜일하다｜ĐỘNG, làm việc

**はたら-く** 働く to work｜工作, 劳动｜일하다｜làm việc

| 働 | 働 | 働 | | | | | | | | | | | |
|---|---|---|---|---|---|---|---|---|---|---|---|---|---|

**59** 勉 **10画**〔力〕 ノ ク ケ 名 角 角 免 免 勉

endeavor｜勉｜힘쓸 면｜MIỄN, cố gắng

**ベン** 勉強する to study｜学习｜공부하다｜học

| 勉 | 勉 | 勉 | | | | | | | | | | | |
|---|---|---|---|---|---|---|---|---|---|---|---|---|---|

60 **強** 11画 〔弓〕 フ コ 弓 弓 弓 弓 弓 弓 強 強 強

strong, endeavor｜强｜강할 강｜CƯỜNG, CƯỞNG, mạnh mẽ

キョウ 勉強する to study｜学习｜공부하다｜học

つよ-い 強い strong｜强, 厉害｜강하다｜khỏe

| 強 | 強 | 強 | | | | | | | | | | | | |
|---|---|---|---|---|---|---|---|---|---|---|---|---|---|---|

👄 **よみましょう** Write the reading of the following *kanji* in *hiragana*.

① 毎日 勉強します。 I study every day.

② 月曜日から 金曜日まで 働きます。 I work from Monday to Friday.

③ 毎朝 7時に 起きます。 I get up at seven every morning.

④ 昨日 11時に 寝ました。 I went to bed at eleven last night.

⑤ 今日は 風が 強いです。 There is a strong wind today.

✏️ **かきましょう** Write the correct *kanji* characters in the blank squares.

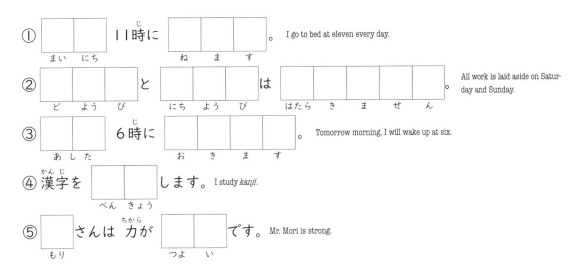

① ☐☐ 11時に ☐☐☐。 I go to bed at eleven every day.
  まい にち      ね ま す

② ☐☐☐ と ☐☐☐ は ☐☐☐☐☐ All work is laid aside on Saturday and Sunday.
  ど よう び  にち よう び  はたら き ま せ ん

③ ☐☐ 6時に ☐☐☐☐。 Tomorrow morning, I will wake up at six.
  あ した      お き ま す

④ 漢字を ☐☐ します。 I study *kanji*.
      べん きょう

⑤ ☐ さんは 力が ☐☐ です。 Mr. Mori is strong.
  もり      つよ い

**もんだい1** **よみましょう** Write the reading of the following *kanji* in *hiragana*.

① 一月一日

② きれいな 月

③ タバコの 火

④ 川の 水

⑤ 木の 下

⑥ 始まります

⑦ お土産

⑧ 休みの 日

⑨ 月曜日

⑩ 毎週

**もんだい2** **かきましょう** Write the correct *kanji* characters and *hiragana* in the blank squares.

① いきます →

② きます →

③ かえります →

④ はじめます →

⑤ おわります →

⑥ おきます →

⑦ ねます →

⑧ はたらきます →

⑨ べんきょうします → ☐☐ します

⑩ おかね → お ☐

**もんだい3** **何画目に かきますか** Write the consecutive stroke number in the following *kanji*.

れい ( 1 ) 人 ( 2 )

① ( ) 火 ( )
  ( )

② ( ) 水 ( )
  ( ) ( )

③ ( ) 来 ( )
  ( ) ( )
  ( ) ( )

📖 **ふりかえり** Review

→ 自分の予定を漢字を使って書くことができる。
  Write your schedule using *kanji*.          はい ・ いいえ
                                              Yes    No

→ 3課で勉強した漢字を読んだり、書いたりできる。
  Read and write *kanji* you learned in lesson 3.     はい ・ いいえ
                                                      Yes    No

# 4課 家族と 仕事 Family and Work

<ruby>家<rt>か</rt></ruby><ruby>族<rt>ぞく</rt></ruby>と <ruby>仕<rt>し</rt></ruby><ruby>事<rt>ごと</rt></ruby> Family and Work

この<ruby>課<rt>か</rt></ruby>で<ruby>学<rt>まな</rt></ruby>ぶこと　<ruby>家<rt>か</rt></ruby><ruby>族<rt>ぞく</rt></ruby>や<ruby>仕<rt>し</rt></ruby><ruby>事<rt>ごと</rt></ruby>を<ruby>表<rt>あらわ</rt></ruby>す<ruby>漢<rt>かん</rt></ruby><ruby>字<rt>じ</rt></ruby>について<ruby>考<rt>かんが</rt></ruby>えましょう。
What You Will Learn From This Lesson

① 私の 家族

```
              祖母 ─── 祖父
      ┌──────┬─────┬────┬──────┐
    叔母   叔父  母─父  伯母   伯父
   ┌──┬──┴──┐        ┌──┴──┐
  妹   弟   私 夫(主人)   姉   兄
              妻(家内)
```

おっと 夫(主人)
つま 妻(家内)

② 田中さんの 家族

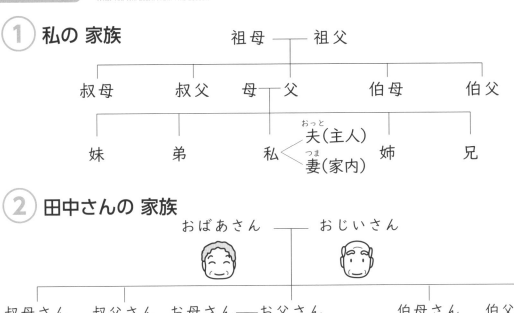

おばあさん ─── おじいさん

叔母さん　叔父さん　お母さん ─ お父さん　　伯母さん　伯父さん

妹さん　弟さん　　田中さん　ご主人　　お姉さん　お兄さん
奥さん

③

①会社員

②店員

③教師（先生）

C6H6

④学生

⑤主婦

⑥駅員

**61** 私 7画 〔禾〕 ノ ニ 千 千 禾 私 私

I｜私｜사 사｜TƯ, tôi

わたくし<br>／わたし

わたくし／わたし<br>私 I｜我｜저／나｜tôi

| 私 | 私 | 私 | | | | | | | | | | |
|---|---|---|---|---|---|---|---|---|---|---|---|---|

**62** 家 10画 〔宀〕 ' 丶 宀 宀 宀 宇 宇 家 家 家

house｜家｜집 가｜GIA, nhà, ngôi nhà

カ

かぞく<br>家族 a family｜家庭, 家族｜가족｜gia đình

かてい<br>家庭 home｜家庭｜가정｜gia đình, tổ ấm

かない<br>家内 (my) wife｜爱人, 内人, (我的)妻子｜아내｜vợ, bà xã

いえ<br>家 a house｜家｜집｜nhà

| 家 | 家 | 家 | | | | | | | | | | |
|---|---|---|---|---|---|---|---|---|---|---|---|---|

**63** 族 11画 〔方〕 ' 亠 方 方 方 圹 圹 扵 族 族 族

family｜族｜겨레 족｜TỘC, giòng họ, gia tộc

ゾク

かぞく<br>家族 a family｜家庭, 家族｜가족｜gia đình

| 族 | 族 | 族 | | | | | | | | | | |
|---|---|---|---|---|---|---|---|---|---|---|---|---|

**64** 父 4画 〔父〕 ノ ハ グ 父

father｜父｜아비 부｜PHỤ, cha

フ

そふ<br>祖父 grandfather｜祖父, 爷爷, 外公｜조부｜ông (nội, ngoại)

ちち

ちち<br>父 father｜父｜아빠｜cha, bố

とう<br>お父さん father｜父亲, 爸爸｜아버지｜bố

おじ　　おじ<br>伯父※・叔父※ uncle｜伯父, 叔叔｜백부, 숙부｜bác, chú

※伯父 uncle（older than one's parent）・叔父 uncle（younger than one's parent）

| 父 | 父 | 父 | | | | | | | | | | |
|---|---|---|---|---|---|---|---|---|---|---|---|---|

65

**母** 5画 〔毋〕 ㇄ 乙 母 母 母
mother｜母｜어미 모｜MẪU, mẹ

**ボ** 祖母 grandmother｜祖母, 奶奶, 外婆｜조모｜bà (nội, ngoại)

**はは** 母 mother｜母｜엄마｜mẹ

**○○** お母さん mother｜母亲, 妈妈｜어머니｜mẹ　　伯母※・叔母※ aunt｜伯母, 婶婶｜백모, 숙모｜bác (gái), cô, dì

※伯母 aunt（older than one's parent）・叔母 aunt（younger than one's parent）

| 母 | 母 | 母 | | | | | | | | | | | | |
|---|---|---|---|---|---|---|---|---|---|---|---|---|---|---|

 **よみましょう** Write the reading of the following *kanji* in *hiragana*.

① お父さん　　　　　② 私の 母

③ 家の 中　　　　　④ 祖父

⑤ 私　　　　　　　⑥ 家内

⑦ 私の 父　　　　　⑧ 祖母

⑨ お母さん　　　　　⑩ 家族

**かきましょう** Write the correct *kanji* characters in the blank squares.

① いえ →　　　　　② そふ → 祖

③ ちち →　　　　　④ おかあさん → お　さん

⑤ わたし →　　　　⑥ かぞく →

⑦ おとうさん → お　さん　　⑧ はは →

⑨ かない →　内　　⑩ そぼ → 祖

## 66 兄

5画 〔儿〕　ｲ 口 口 尸 兄

older brother｜兄｜형 형｜HUYNH, anh

**キョウ**　兄弟 brothers and sisters｜兄弟, 姐妹, 姊妹｜형제｜anh em

**あに**　兄 older brother｜哥哥, 兄｜형, 오빠｜anh

**◯◯**　お兄さん older brother｜哥哥｜형, 오빠｜anh

兄 兄 兄

## 67 弟

7画 〔弓〕　ヽ ゞ 兰 兰 弟 弟

younger brother｜弟｜아우 제｜ĐỆ, em trai

**ダイ**　兄弟 brothers and sisters｜兄弟, 姐妹, 姊妹｜형제｜anh em

**おとうと**　弟 younger brother｜弟弟, 弟｜남동생｜em trai

弟 弟 弟

## 68 姉

8画 〔女〕　く 夂 女 女' 女ﾟ 女ﾟ 姈 姉

older sister｜姉、姐｜누이 자｜TỶ, chị gái

**あね**　姉 older sister｜姐姐, 姉｜언니, 누나｜chị gái

**◯◯**　お姉さん older sister｜姐姐｜언니, 누나｜chị

姉 姉 姉

## 69 妹

8画 〔女〕　く 夂 女 女ﾟ 女= 妌 妹 妹

younger sister｜妹｜손아랫 누이 매｜MUỘI, em gái

**いもうと**　妹 younger sister｜妹妹, 妹｜여동생｜em gái

妹 妹 妹

70 **主** 5画 〔丶〕 ` 一 十 宇 主

master, main｜主｜임금 주｜CHỦ, chính yếu

シュ

主人 master, (my) husband｜丈夫, 主人｜주인｜chồng

ご主人 one's husband｜您先生, 您爱人｜바깥양반｜chồng (chồng người khác)

主婦 a housewife｜(家庭)主妇｜주부｜nội trợ

| 主 | 主 | 主 | | | | | | | | | | | | |
|---|---|---|---|---|---|---|---|---|---|---|---|---|---|---|

**よみましょう** Write the reading of the following *kanji* in *hiragana*.

① 弟

② ご主人

③ お姉さん

④ 兄

⑤ 主婦

⑥ 妹

⑦ 兄弟

⑧ お兄さん

⑨ 姉

**かきましょう** Write the correct *kanji* characters in the blank squares.

① おねえさん → お □ さん

② きょうだい → □□

③ しゅじん → □□

④ おにいさん → お □ さん

⑤ いもうと → □

⑥ あね → □

⑦ おとうと → □

⑧ しゅふ → □ 婦

⑨ あに → □

**71 内** 4画 〔入〕 丨 冂 内 内
inside｜内｜안내｜NỘI, bên trong

**ナイ**
家内 (my) wife｜爱人, 内人, (我的)妻子｜아내｜vợ, bà xã
以内 within｜以内｜이내｜trong vòng, trong khoảng

案内する to guide｜陪同游览, 带路｜안내하다｜hướng dẫn

| 内 | 内 | 内 | | | | | | | | | | | |
|---|---|---|---|---|---|---|---|---|---|---|---|---|---|

**72 奥** 12画 〔大〕 ノ 丨 冂 内 内 向 南 奥 奥 奥 奥 奥
deep inside, interior｜奥｜속 오｜ÁO, bên trong

**おく**
奥さん (someone else's) wife｜爱人, 妻子, 太太｜부인｜vợ (vợ người khác)

| 奥 | 奥 | 奥 | | | | | | | | | | | |
|---|---|---|---|---|---|---|---|---|---|---|---|---|---|

**73 仕** 5画 〔亻〕 ノ 亻 仁 什 仕
serve, do｜仕｜벼슬 사｜SĨ, làm việc

**シ**
仕事 work, job, business｜工作｜일｜công việc
仕方 way, method｜办法｜방법｜cách, cách làm

| 仕 | 仕 | 仕 | | | | | | | | | | | |
|---|---|---|---|---|---|---|---|---|---|---|---|---|---|

**74 事** 8画 〔亅〕 一 亓 亓 亘 写 写 事 事
affair, matter｜事｜일 사｜SỰ, việc, vấn đề

**ジ**
食事 a meal｜吃饭, 用餐｜식사｜ăn, dùng bữa
火事 a fire｜火灾｜화재｜cháy, hoả hoạn

用事 business, engagement｜事情｜용무｜bận, có công chuyện
大事な important｜要紧(的), 重要(的)｜중요한｜quan trọng

**こと**
仕事 work, job, business｜工作｜일｜công việc

| 事 | 事 | 事 | | | | | | | | | | | |
|---|---|---|---|---|---|---|---|---|---|---|---|---|---|

75 **生** 5画 〔生〕 ノ ト ヒ 牛 生

life｜生｜살 생｜SINH, sinh sống, đẻ

**セイ** 先生 a teacher｜老师, 大夫｜선생님｜thầy, cô giáo 　　　 学生 a student｜学生｜학생｜học sinh

　　　 生徒 a pupil, a student｜学生, 学徒｜학생, 생도｜học sinh, sinh viên

**ショウ** 一生懸命(に) with all one's effort｜拼命(地)｜열심히｜cố gắng hết mình 　　 誕生日 birthday｜生日｜생일｜sinh nhật

**い-きる** 生きる to live｜活｜살다｜sống

**う-まれる** 生まれる to be born｜出生｜태어나다｜sinh ra

| 生 | 生 | 生 | | | | | | | | | | | | |
|---|---|---|---|---|---|---|---|---|---|---|---|---|---|---|

**よみましょう** Write the reading of the following *kanji* in *hiragana*.

① 仕事

② 生まれます

③ 家内

④ 火事

⑤ 一生懸命

⑥ 生徒

⑦ 奥さん

⑧ 先生

⑨ 食事

⑩ 誕生日

**かきましょう** Write the correct *kanji* characters in the blank squares.

① おくさん → ☐ さん

② だいじな → 大 ☐ な

③ せんせい → 先 ☐

④ たんじょうび → 誕 ☐ 日

⑤ しごと → ☐ ☐

⑥ しょくじ → 食 ☐

⑦ かない → ☐ ☐

⑧ がくせい → 学 ☐

## 76 先

6画 〔ノ〕 ノ ⺧ ⺧ 生 生 先

ahead｜先｜먼저 선｜TIÊN, trước, tổ tiên

**セン**

先生 a teacher｜老师, 大夫｜선생님｜thầy, cô giáo
先月 last month｜上个月｜지난 달｜tháng trước
先週 last week｜上周｜지난 주｜tuần trước

**さき**

先に previously, beforehand｜以前, 以往｜먼저｜trước

| 先 | 先 | 先 | | | | | | | | |
|---|---|---|---|---|---|---|---|---|---|---|

## 77 学

8画 〔子〕 丶 丷 丷 丷 ⺍ 学 学 学

study｜学｜배울 학｜HỌC, học tập

**ガク**

学生 a student｜学生｜학생｜học sinh
学校 a school｜学校｜학생교｜trường học
留学生 an international student, a student studying abroad｜留学生｜유학생｜du học sinh
大学 a university, a college｜大学｜대학｜đại học

| 学 | 学 | 学 | | | | | | | | |
|---|---|---|---|---|---|---|---|---|---|---|

## 78 会

6画 〔へ〕 ノ 人 亼 合 会 会

meet, society｜会｜모을 회｜HỘI, gặp, họp lại

**カイ**

会社 a company｜公司｜회사｜công ty
会話 conversation｜对话, 会话｜회화｜hội thoại, giao tiếp, nói chuyện
会議 a conference, a meeting｜会议｜회의｜cuộc họp, hội nghị

**あ-う**

会う to meet｜遇见, 碰到｜만나다｜gặp, họp mặt

| 会 | 会 | 会 | | | | | | | | |
|---|---|---|---|---|---|---|---|---|---|---|

## 79 社

7画 〔⻂〕 丶 ⺀ 礻 礻 礻 社 社

shrine, company｜社｜단체 사｜XÃ, đền thần đạo, công ty

**シャ**

会社 a company｜公司｜회사｜công ty
社会 society｜社会｜사회｜xã hội
神社 Shinto shrine｜神社｜신사｜đền thần đạo

| 社 | 社 | 社 | | | | | | | | |
|---|---|---|---|---|---|---|---|---|---|---|

80 員 **10画** 丶 冂 冂 尸 月 月 冐 冒 員 員
〔口〕
member｜员｜둥글 원｜VIÊN, nhân viên

イン

会社員 a company employee｜公司职员｜회사원｜nhân viên công ty
かいしゃいん

社員 an employee, a member of the staff (of a company)｜员工｜
しゃいん 사원｜nhân viên (chính thức)

店員 a store clerk｜店员｜점원｜nhân viên bán hàng
てんいん

駅員 a station employee｜车站工作人员, 站务员｜역원｜
えきいん nhân viên nhà ga

| 員 | 員 | 員 | | | | | | | | | | | | | |
|---|---|---|---|---|---|---|---|---|---|---|---|---|---|---|---|

😮 **よみましょう** Write the reading of the following *kanji* in *hiragana*.

① 学校
こう

② 先週

③ 留学生
りゅう

④ 会います

⑤ 先に

⑥ 店員
てん

⑦ 大学
だい

⑧ 神社
じん

⑨ 会社員

⑩ 先生

✏️ **かきましょう** Write the correct *kanji* characters in the blank squares.

① がっこう → ☐校
こう

② せんげつ → ☐☐

③ がくせい → ☐☐

④ あいます → ☐☐☐

⑤ えきいん → 駅☐
えき

⑥ せんせい → ☐☐

⑦ じんじゃ → 神☐
じん

⑧ だいがく → 大☐
だい

⑨ さきに → ☐に

⑩ かいしゃいん → ☐☐☐

**もんだい1　よみましょう** Write the reading of the following *kanji* in *hiragana*.

① お母さん

② 家族

③ 奥さん

④ お姉さん

⑤ 私の 妹

⑥ 私の 弟

⑦ 主人

⑧ 家内

⑨ 会社員

⑩ 仕事

**もんだい2　かきましょう** Write the correct *kanji* characters and *hiragana* in the blank squares.

① せんせい →　□□

② がくせい →　□□

③ あいます →　□□□

④ おとうさん → お□さん

⑤ わたし →　□

⑥ たんじょうび → 誕□□ (たん)

⑦ あね →　□

⑧ さきに →　□に

⑨ きょうだい →　□□

⑩ いえ →　□

**もんだい3　何画目に かきますか** (なんかくめ) Write the consecutive stroke number in the following *kanji*.

れい

( 1 ) 人 ( 2 )

① （　）（　）父（　）（　）

② （　）母（　）（　）（　）

③ （　）（　）会（　）（　）（　）

📖 **ふりかえり** Review

→ 家族の漢字を使って、自分の家族についての文を書くことができる。
(かぞく) (かんじ) (つか) (じぶん) (かぞく) (ぶん) (か)
Write sentences about your family using family-related *kanji*.

はい　・　いいえ
Yes　　No

→ 4課で勉強した漢字を読んだり、書いたりできる。
(か) (べんきょう) (かんじ) (よ) (か)
Read and write *kanji* you learned in lesson 4.

はい　・　いいえ
Yes　　No

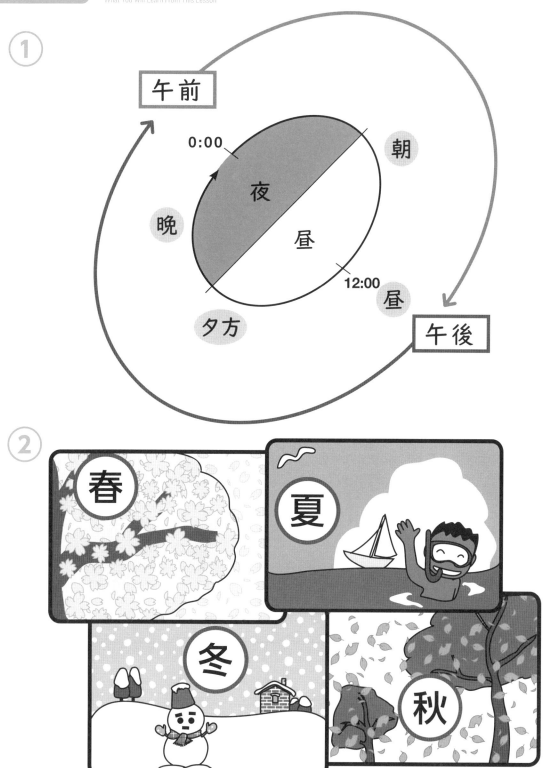

# 5課

時間と季節　Time and Season

この課で学ぶこと　時間と季節を表す漢字について考えましょう。
What You Will Learn From This Lesson

① 午前

0:00

朝

夜

晩

昼

12:00

昼

夕方

午後

② 春　夏　冬　秋

81 **時** 10画 〔日〕 丨 冂 冂 日 日 旷 旷 胩 時 時 時
time｜时｜때 시｜THỜI, THÌ, giờ

ジ 時間 time｜时间｜시간｜thời gian 〜時間 〜 hour (s)｜〜小时｜〜시간｜〜 tiếng
〜時 〜 o'clock｜〜点｜〜시｜〜 giờ

とき 時 time｜时候｜때｜giờ, khi
◯◯ 時計 a clock, a watch｜钟, 表｜시계｜đồng hồ

| 時 | 時 | 時 | | | | | | | | | | | | |
|---|---|---|---|---|---|---|---|---|---|---|---|---|---|---|

82 **分** 4画 〔刀〕 ノ 八 分 分
divide, part, minute｜分｜나눌 분｜PHÂN, chia ra, phân ra, phút

フン 〜分 〜 minute(s)｜〜分｜〜분｜〜 phút
ブン 半分の half｜一半(的)｜반분의, 절반의｜một nửa 自分で by oneself｜自己｜스스로｜tự mình
わ-かる 分かる to understand｜明白, 知道｜알다｜hiểu

| 分 | 分 | 分 | | | | | | | | | | | | |
|---|---|---|---|---|---|---|---|---|---|---|---|---|---|---|

83 **午** 4画 〔十〕 ノ 스 二 午
noon｜午｜낮 오｜NGỌ, giữa trưa

ゴ 午前 a.m., morning｜上午｜오전｜buổi sáng 午後 p.m.,afternoon｜下午｜오후｜buổi chiều

| 午 | 午 | 午 | | | | | | | | | | | | |
|---|---|---|---|---|---|---|---|---|---|---|---|---|---|---|

84 **前** 9画 〔刂〕 丶 丷 丷 前 前 前 前 前 前
front, before｜前｜앞 전｜TIỀN, trước, sớm

ゼン 午前 a.m., morning｜上午｜오전｜buổi sáng 午前中 in the morning｜中午以前｜오전중｜trong buổi sáng
まえ 前 front, before｜前, 前面｜앞｜trước, phía trước 名前 a name｜名字｜이름｜tên
〜年前 〜 years ago｜〜年前｜〜년전｜〜 năm trước

| 前 | 前 | 前 | | | | | | | | | | | | |
|---|---|---|---|---|---|---|---|---|---|---|---|---|---|---|

85 後 9画 〔彳〕 ノ ク 彳 彳 犳 犳 犳 後 後
back, after｜后｜뒤 후｜HẬU, sau, phía sau

ゴ 　　午後 p.m., afternoon｜下午｜오후｜buổi chiều 　　　　　最後の last, final｜最后(的)｜마지막의｜sau cùng

あと 　　後で after｜后 , 以后 , 之后｜다음｜để sau

うし-ろ 　後ろ back, behind｜后面｜뒤｜phía sau

後 後 後 □ □ □ □ □ □ □ □ □ □ □ □

😲 **よみましょう** Write the reading of the following *kanji* in *hiragana*.

① 時間

② 九時九分

③ 午後

④ 四時間

⑤ 名前

⑥ 午前中

⑦ 五年前

⑧ 時計

⑨ 午前

⑩ 半分の

✏️ **かきましょう** Write the correct *kanji* characters in the blank squares.

① まえ → □

② じゅっぷん → □□

③ とき → □

④ はんぶんの → 半□の

⑤ ごご はちじ → □□□□

⑥ あとで → □で

⑦ なまえ → 名□

⑧ ごぜん ろくじ → □□□□

⑨ わかります → □□□

⑩ うしろ → □□

## 86 間

12画 〔門〕 丨 冂 冂 冃 冃 門 門 門 門 門 問 問 間

interval, between｜间｜사이 간｜GIAN, giữa

**カン**　時間 time｜时间｜시간｜thời gian　　　　〜時間 〜 hour｜〜小时｜〜시간｜〜 tiếng

**あいだ**　間 interval, between｜期间｜사이｜giữa　　この間 the other day｜最近, 前些时候｜전날, 일전, 요전｜lần trước, vừa rồi

**ま**　間に合う to be in time｜赶得上, 来得及｜시간에 대다, 족하다｜kịp

|  間 | 間 | 間 | | | | | | | | | |
|---|---|---|---|---|---|---|---|---|---|---|---|
| | | | | | | | | | | | |

## 87 半

5画 〔十〕 丶 丷 ソ ꞊ 半

half｜半｜반 반｜BÁN, một nửa

**ハン**　〜時半 half past 〜｜〜点半｜〜시 반｜〜 giờ rưỡi　　　半分の half｜一半(的)｜반분의, 절반의｜một nửa

|  半 | 半 | 半 | | | | | | | | | |
|---|---|---|---|---|---|---|---|---|---|---|---|
| | | | | | | | | | | | |

## 88 朝

12画 〔月〕 一 十 十 古 吉 吉 直 卓 軺 朝 朝 朝

morning｜朝｜아침 조｜TRIỀU, sáng

**あさ**　朝 morning｜早上｜아침｜sáng, buổi sáng　　　朝ご飯 breakfast｜早饭｜아침밥｜cơm sáng

　　　毎朝 every morning｜每天早上｜매일 아침｜mỗi sáng

**○○**　今朝 this morning｜今天早上｜오늘 아침｜sáng nay

|  朝 | 朝 | 朝 | | | | | | | | | |
|---|---|---|---|---|---|---|---|---|---|---|---|
| | | | | | | | | | | | |

## 89 昼

9画 〔日〕 ⁊ ⁊ 尸 尺 尺 昼 昼 昼 昼

daytime｜昼｜낮 주｜TRÚ, trưa, ban ngày

**ひる**　昼 daytime｜白天｜점심｜trưa, buổi trưa　　　昼間 daytime｜白天｜주간, 낮 (동안)｜buổi trưa

　　　昼ご飯 lunch｜午饭｜점심밥｜cơm trưa　　昼休み a lunch break｜午休｜점심후의 휴식 (시간)｜nghỉ trưa

| 昼 | 昼 | 昼 | | | | | | | | | |
|---|---|---|---|---|---|---|---|---|---|---|---|
| | | | | | | | | | | | |

90 晩 **12画**〔日〕丨 冂 冂 日 日 旷 旷 旷 昫 晘 晘 晙 晚

evening, late｜晩｜늦을 만｜VĂN, tối, trễ

バン

晩 evening｜晩｜밤｜tối, buổi tối

毎晩 every evening, every night｜每晩｜매일 밤｜mỗi tối

今晩 this evening, tonight｜今晩｜오늘 밤｜tối nay

晩ご飯 supper, dinner｜晩饭｜저녁밥｜cơm tối

晩 晩 晩 ☐ ☐ ☐ ☐ ☐ ☐ ☐ ☐ ☐ ☐ ☐ ☐

**よみましょう** Write the reading of the following *kanji* in *hiragana*.

① 晩ご飯

② 七時半

③ 毎朝

④ 間に合います

⑤ この間

⑥ 昼休み

⑦ 今朝

⑧ 一時間

⑨ 昼間

⑩ 今晩

**かきましょう** Write the correct *kanji* characters in the blank squares.

① じゅうにじはん → ☐☐☐☐

② こんばん → 今☐

③ あいだ → ☐

④ じかん → ☐☐

⑤ けさ → 今☐

⑥ あさ → ☐

⑦ はんぶんの → ☐☐ の

⑧ ひるま → ☐☐

91

**今** 4画 〔へ〕 ノ 人 스 今

present, now｜今｜이제 금｜KIM, hiện tại, bây giờ

コン

こんしゅう
今週 this week｜这周, 本周｜이번 주｜tuần này

こんげつ
今月 this month｜这个月｜이번 달｜tháng này

こんばん
今晩 this evening, tonight｜今晚｜오늘 밤｜tối nay

こんど
今度 this time, next time｜这一次, 下一次｜이번, 이 다음｜lần này, lần sau

いま

いま
今 now｜现在｜지금｜bây giờ

きょう
今日 today｜今天｜오늘｜hôm nay

ことし
今年 this year｜今年｜금년｜năm nay

けさ
今朝 this morning｜今天早上｜오늘 아침｜sáng nay

| 今 | 今 | 今 | | | | | | | | | |
|---|---|---|---|---|---|---|---|---|---|---|---|

92

**去** 5画 〔厶〕 一 十 土 去 去

go away｜去｜갈 거｜KHỨ, bỏ đi

キョ

きょねん
去年 last year｜去年｜작년｜năm ngoái

| 去 | 去 | 去 | | | | | | | | | |
|---|---|---|---|---|---|---|---|---|---|---|---|

93

**年** 6画 〔干〕 ノ 乍 乍 乍 年

year｜年｜해 년｜NIÊN, năm

ネン

ねん
〜年 〜 year｜〜年｜〜년｜năm 〜

らいねん
来年 next year｜明年｜내년｜sang năm

きょねん
去年 last year｜去年｜작년｜năm ngoái

まいねん
毎年 every year｜每年｜매년｜mỗi năm

とし

とし
年 year, age｜年, 年龄｜년, 나이｜năm, tuổi

ことし
今年 this year｜今年｜금년｜năm nay

まいとし
毎年 every year｜每年｜매년｜mỗi năm

| 年 | 年 | 年 | | | | | | | | | |
|---|---|---|---|---|---|---|---|---|---|---|---|

94

**夕** 3画 〔夕〕 ノ ク 夕

evening｜夕｜저녁 석｜TỊCH, chiều tối

ゆう

ゆうがた
夕方 evening｜傍晚｜저녁때, 해질 녁｜chiều tối

| 夕 | 夕 | 夕 | | | | | | | | | |
|---|---|---|---|---|---|---|---|---|---|---|---|

95 **方** 4画 〔方〕 ' 宀 方 方

direction, way｜方｜방향 방｜PHƯƠNG, phía, cách

ホウ

かた

両方の both｜双方(的)｜양쪽의｜cả hai, hai bên

この方 this person (honorific)｜这位｜이 분｜người, vị này (cách nói kính ngữ)

仕方 a way, a method｜做法, 办法｜방법｜cách, cách làm

夕方 evening｜傍晚｜저녁때, 해질 녘｜chiều tối

〜方 how to 〜｜〜(方)法｜〜방법｜cách 〜

| 方 | 方 | 方 | | | | | | | | | | | | | |
|---|---|---|---|---|---|---|---|---|---|---|---|---|---|---|---|

**よみましょう** Write the reading of the following *kanji* in *hiragana*.

① 今年

② 仕方

③ 両方の

④ 去年

⑤ 来年

⑥ 二年前

⑦ 今度

⑧ 夕方

⑨ 一週間

⑩ 今朝

**かきましょう** Write the correct *kanji* characters in the blank squares.

① ゆうがた →

② こんばん →

③ いま →

④ まいとし →

⑤ こんしゅう →

⑥ らいねん →

⑦ きょう →

⑧ こんげつ →

⑨ ことし →

⑩ きょねん →

96

春 **9画** 〔日〕 一 ニ 三 声 夫 耒 春 春 春

spring｜春｜봄 춘｜XUÂN, mùa xuân

はる 春 spring｜春天｜봄｜mùa xuân 　 春休み the spring vacation｜春假｜봄방학｜nghỉ xuân

| 春 | 春 | 春 | | | | | | | | | | | | |
|---|---|---|---|---|---|---|---|---|---|---|---|---|---|---|

97

夏 **10画** 〔夂〕 一 一 〒 厂 丆 百 百 百 夏 夏

summer｜夏｜여름 하｜HẠ, mùa hè

なつ 夏 summer｜夏天｜여름｜mùa hè 　 夏休み the summer vacation｜暑假｜여름방학｜nghỉ hè

| 夏 | 夏 | 夏 | | | | | | | | | | | | |
|---|---|---|---|---|---|---|---|---|---|---|---|---|---|---|

98

秋 **9画** 〔禾〕 ´ 二 千 禾 禾 秋 秋 秋 秋

autumn, fall｜秋｜가을 추｜THU, mùa thu

あき 秋 autumn, fall｜秋天｜가을｜mùa thu

| 秋 | 秋 | 秋 | | | | | | | | | | | | |
|---|---|---|---|---|---|---|---|---|---|---|---|---|---|---|

99

冬 **5画** 〔ン〕 ノ ク 夂 冬 冬

winter｜冬｜겨울 동｜ĐÔNG, mùa đông

ふゆ 冬 winter｜冬天｜겨울｜mùa đông 　 冬休み the winter vacation｜寒假｜겨울방학｜nghỉ đông

| 冬 | 冬 | 冬 | | | | | | | | | | | | |
|---|---|---|---|---|---|---|---|---|---|---|---|---|---|---|

100 **夜** 8画〔夕〕 丶 亠 亣 亣 夜 夜 夜 夜

night | 夜 | 밤 야 | DẠ, đêm

| | |
|---|---|
| **ヤ** | 今夜（こんや） this evening, tonight \| 今夜, 今晚 \| 오늘 밤 \| đêm nay |
| **よる** | 夜（よる） night \| 晚上, 夜晚 \| 밤 \| đêm |

夜 夜 夜

## よみましょう Write the reading of the following *kanji* in *hiragana.*

① 今夜は 雨です。 It is raining tonight.

② 私の 大（だい）学は 秋に 始まります。 My university begins in autumn.

③ 夏休みに 家族と 旅（りょ）行します。 I will go on a trip with my family for the summer.

④ 来年の 冬、アメリカへ 帰ります。 I will go back to America next winter.

⑤ 妹は 春に 生まれました。 My younger sister was born in spring.

## かきましょう Write the correct *kanji* characters in the blank squares.

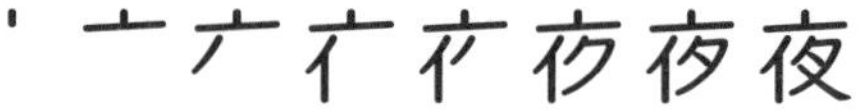

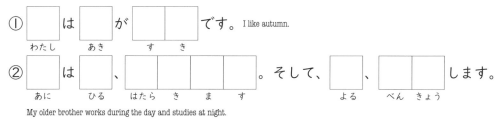

① ［わたし］は ［あき］が ［す］［き］です。 I like autumn.

② ［あに］は ［ひる］、［はたら］［き］［ま］［す］。そして、［よる］、［べん］［きょう］します。

My older brother works during the day and studies at night.

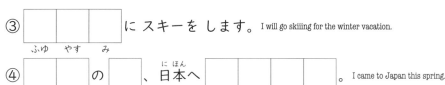

③ ［ふゆ］［やす］［み］に スキーを します。 I will go skiing for the winter vacation.

④ ［こ］［とし］の ［はる］、日本（にほん）へ ［き］［ま］［し］［た］。 I came to Japan this spring.

**もんだい1**　**よみましょう**　Write the reading of the following *kanji* in *hiragana*.

① 今日の午後

② 時計

③ 明日の午前中

④ 半分の

⑤ 夕方

⑥ 去年の春

⑦ 今晩

⑧ 今夜

⑨ 今年の夏休み

⑩ 秋と冬

**もんだい2**　**かきましょう**　Write the correct *kanji* characters and *hiragana* in the blank squares.

① いま → ☐

② いちじじゅっぷん → ☐☐☐☐

③ あいだ → ☐

④ まえと うしろ → ☐ と ☐

⑤ あさと ばん → ☐ と ☐

⑥ ごぜんと ごご → ☐☐ と ☐☐

⑦ きょねん → ☐☐

⑧ ひると よる → ☐ と ☐

⑨ ゆうがた → ☐☐

⑩ はる、なつ、あき、ふゆ → ☐、☐、☐、☐

**もんだい3**　**何画目に かきますか**　Write the consecutive stroke number in the following *kanji*.

れい

（ 1 ）人（ 2 ）

① 年

② 半

③ 方

📖 **ふりかえり** Review

→ 時間や季節を表す漢字を使って、文を書くことができる。
Write sentences using *kanji* for time and seasons.

はい　・　いいえ
Yes　　　No

→ 5課で勉強した漢字を読んだり、書いたりできる。
Read and write *kanji* you learned in lesson 5.

はい　・　いいえ
Yes　　　No

# おぼえましょう２

✳ **時間** Time

| | | |
|---|---|---|
| 一時 (いちじ) | 七時 (しちじ) | 何時 (なんじ) |
| 二時 (にじ) | 八時 (はちじ) | |
| 三時 (さんじ) | 九時 (くじ) | |
| 四時 (よじ) | 十時 (じゅうじ) | |
| 五時 (ごじ) | 十一時 (じゅういちじ) | |
| 六時 (ろくじ) | 十二時 (じゅうにじ) | |

| | | |
|---|---|---|
| 一分 (いっぷん) | 十五分 (じゅうごふん) | 何分 (なんぷん) |
| 二分 (にふん) | 二十分 (にじゅっぷん/にじっぷん) | |
| 三分 (さんぷん) | 二十五分 (にじゅうごふん) | |
| 四分 (よんぷん) | 三十分 (さんじゅっぷん/さんじっぷん) | |
| 五分 (ごふん) | 三十五分 (さんじゅうごふん) | |
| 六分 (ろっぷん) | 四十分 (よんじゅっぷん/よんじっぷん) | |
| 七分 (ななふん) | 四十五分 (よんじゅうごふん) | |
| 八分 (はっぷん) | 五十分 (ごじゅっぷん/ごじっぷん) | |
| 九分 (きゅうふん) | 五十五分 (ごじゅうごふん) | |
| 十分 (じゅっぷん/じっぷん) | | |

| きのう<br>昨日 | きのう あさ<br>昨日の 朝 | きのう ばん<br>昨日の 晩 |
|---|---|---|
| きょう<br>今日 | けさ<br>今朝 | こんばん<br>今晩 |
| あした/あす<br>明日 | あした/あす あさ<br>明日の 朝 | あした/あす ばん<br>明日の 晩 |
| まいにち<br>毎日 | まいあさ<br>毎朝 | まいばん<br>毎晩 |

| せんしゅう<br>先週 | せんげつ<br>先月 | きょねん<br>去年 |
|---|---|---|
| こんしゅう<br>今週 | こんげつ<br>今月 | ことし<br>今年 |
| らいしゅう<br>来週 | らいげつ<br>来月 | らいねん<br>来年 |
| まいしゅう<br>毎週 | まいつき/まいげつ<br>毎月 | まいとし/まいねん<br>毎年 |

**もんだい1** **よみましょう。** Write the reading of the following *kanji* in *hiragana*.

れい： 一万
　　　 いちまん

1　兄弟

2　六百円

3　夏の 夜

4　雨の 日

5　黄色い かさ

6　右と 左

7　八百屋

8　赤い 上着(ぎ)

9　去年の 九月

10　お土産の 人形(ぎょう)

11　毎週 木曜日

12　今日の 午後

13　ビルの 火事

14　会社員の 男の人

15　朝、昼、晩

16　ご主人と 奥さん

17　女子中学生

18　春と 秋

19　今年の 四月一日

20　大人 二人と 子ども 一人

21　四時半から 五時十分まで

22　今年の 七月二十日

23　明日の 午前中

24　先週、今週、来週

25　三千人の 人々

**もんだい2** **かきましょう。** Write the correct *kanji* characters and *hiragana* in the blank squares.

れい：ひとつ → 一 つ

1　やま →

2　もり →

3　あいだ →

4　まえと うしろ → 　 と

5　たんぼ →

6　かぞく →

7　おかね → お

8　しごと →

9 しろとくろ→ □ と □

10 ゆうがた→ □□

11 すきな いろ→ □□ な □

12 あおい くるま→ □□□

13 あかるい→ □□

14 おとうさん→お □ さん

15 せんせい→ □□

16 おきます→ □□□

17 ねます→ □□□

18 いきます→ □□□

19 きます→ □□□

20 かえります→ □□□□

21 はたらきます→ □□□□

22 やすみます→ □□□□

23 はじめます→ □□□□

24 おわります→ □□□□

25 べんきょうします→ □□ します

もんだい3　何画目(なんかくめ)に かきますか。　Write the consecutive stroke number in the following *kanji*.

れい：川（ 3 ）

1 米（　）

2 事（　）

3 色（　）

4 右（　）

5 姉（　）

6 （　）昼

もんだい4　□に どの 漢字が 入りますか。〔　〕から 一つ えらんで かきなさい。

Choose the appropriate *kanji* from 〔　〕 and write it in □.

れい：　毎
　　　今　□（週）

〔　週　午　年　生　日　事　〕

1
先　→□
学

2
仕　→□
火

3
□←前
　　後

4
明　→□
今

5
今　→□
去

もんだい5　音声を聞いて、例のように、ひらがなで書きましょう。
それから、漢字で書きましょう。

Listen to the audio and write what you hear in hiragana, following the example. Then write it using *kanji*.

れい：　け さ の　ニュース
　　　（　今朝　）

1 ＿＿＿の＿＿＿
　（　　　）（　　　）

2 ＿＿＿の＿＿＿
　（　　　）（　　　）

3 ＿＿＿の＿＿＿
　（　　　）（　　　）

4 ＿＿＿　＿＿＿
　（　　　）（　　　）

5 お＿＿＿さんとお＿＿＿さん
　（　　）　　（　　）

6 ＿＿＿、＿＿＿、＿＿＿
　（　　）（　　）（　　）

7 ＿＿＿は＿＿＿　＿＿＿ます。
　（　　）（　　　）（　　）

8 ＿＿＿は＿＿＿ます。
　（　　　）（　　　）

9 ＿＿＿＿＿から ＿＿＿＿＿をします。
　（　　　　）　（　　　　　）

10 ＿＿＿＿は ＿＿＿＿が ＿＿＿です。
　（　　）　（　　　）　（　　　　）

もんだい6　どちらが 正しいですか。　Which one is correct?

れい：スミスさんは 日本人ですか。 ………… 1. にほんじん　　2. にほんひと

　　　コーヒーを のみました。 ………… 1. 飯みました　　2. 飲みました

1 店内で まっていて ください。 ………… 1. てんがい　　2. てんない

2 主に にほんごを べんきょうします。 ……… 1. さきに　　2. おもに

3 豆を かいました。 ………… 1. まめ　　2. こめ

4 にほんの 生活は どうですか。 ………… 1. せんかつ　　2. せいかつ

5 エレベーターで 上がりましょう。 ………… 1. あがりましょう　　2. さがりましょう

6 あかちゃんが ねむっています。 ………… 1. 眠って　　2. 寝って

7 ぜいきんは いくらですか。 ………… 1. 税関　　2. 税金

8 ははおやの なまえは はなこです。 ……… 1. 母親　　2. 父親

9 しんぶんの きじを よみます。 ………… 1. 火事　　2. 記事

10 いい つちですね。 ………… 1. 水　　2. 土

# 休みの 日 Day off

この課で学ぶこと▶ 休みの日にすることを表す漢字について考えましょう。

映画

音楽

買い物

写真

※読書

スポーツ

料理

※読書：reading

101 食 **9画** 〔食〕 ノ 人 人 今 今 今 食 食 食
eat, food｜食｜먹을 식｜THỰC, đồ ăn, thực phẩm

ショク 　食事 a meal｜饭, 餐｜식사｜ăn, dùng bữa　　　　食堂 a dining hall, a restaurant｜食堂｜식당｜phòng ăn, nhà ăn
　食品 food｜食品｜식품｜thực phẩm

た-べる 　食べる to eat｜吃｜먹다｜ăn　　　　食べ物 food｜食物, 吃的东西｜먹을 것｜đồ ăn

102 飲 **12画** 〔食〕 ノ 人 人 今 今 今 食 食 食 飲 飲 飲
drink｜饮｜마실 음｜ẨM, đồ uống

の-む 　飲む to drink｜喝｜마시다｜uống　　　　飲み物 a drink, a beverage｜饮料, 喝的东西｜마실 것｜đồ uống

103 買 **12画** 〔貝〕 丶 丆 冖 冖 冖 罒 買 買 買 買 買 買
buy｜买｜살 매｜MÃI, mua

か-う 　買う to buy｜买｜사다｜mua　　　　買い物 shopping｜买东西, 购物｜쇼핑｜mua đồ

104 見 **7画** 〔見〕 丨 冂 冂 月 目 貝 見
see｜见｜볼 견｜KIẾN, nhìn, xem

ケン 　意見 opinion｜意见｜의견｜ý kiến
み-る 　見る to see, to look at｜看, 观看｜보다｜nhìn
み-える 　見える to be seen｜看得见｜보이다｜nhìn thấy
み-せる 　見せる to show｜给〜看｜보여주다｜cho xem

見 見 見

05 聞 **14画**〔耳〕 `丨 冂 冂 冂 冃 冃 門 門 門 門 門 門 聞 聞`

hear｜闻｜들을 문｜VĂN, nghe, hỏi

ブン 新聞 a newspapaer｜报纸｜신문｜báo, tờ báo 　　　新聞社 a newspaper company｜报社｜신문사｜tòa soạn báo

き-く 聞く to hear, to listen to｜听｜듣다｜nghe, hỏi

き-こえる 聞こえる to be heard｜听得见｜들리다｜nghe thấy

| 聞 | 聞 | 聞 | | | | | | | | | | | |
|---|---|---|---|---|---|---|---|---|---|---|---|---|---|

😲 **よみましょう** 読みを ひらがなで 書きなさい。

① 毎週 土曜日に スーパーで 買い物します。

② パスポートを 見せます。

③ 食堂で 昼ご飯を 食べます。

④ その ニュースは 先生から 聞きました。

⑤ 毎朝、コーヒーを 飲みます。

✏️ **かきましょう** ＿＿に 漢字、または 漢字と ひらがなを 書きなさい。

① ＿＿＿＿＿、＿＿＿を ＿＿＿＿＿＿＿＿。
　　まいあさ　　みず　　　のみ　ます

② ラジオで ニュースを ＿＿＿＿＿＿＿＿。
　　　　　　　　　　　　　き　き　ます

③ ＿＿＿で ＿＿＿ご飯を ＿＿＿＿＿＿＿＿。
　　いえ　　ばん　　　　た　べ　ます

④ ＿＿＿＿＿ ＿＿＿＿＿シャツを ＿＿＿＿＿＿＿＿。
　　せんしゅう　あ　お　い　　　　　か　い　ました

⑤ ＿＿＿＿＿の ＿＿＿で、アニメ (animation) を ＿＿＿＿＿＿。
　　しょくじ　　あ　と　　　　　　　　　　　み　ます

106

**何** 7画 〔亻〕 ノ 亻 亻 仁 仃 仃 何

what｜何｜어찌 하｜HÀ, cái gì

なに 何 what｜什么｜뭐｜cái gì

なん 何 what｜什么｜뭐｜cái gì 何時 what time｜几点｜몇 시｜mấy giờ

何曜日 what day of the week｜星期几｜무슨 요일, 몇요일｜thứ mấy

何 何 何

---

107

**茶** 9画 〔艹〕 一 十 艹 艹 芯 芯 苓 茶 茶

tea｜茶｜차 차｜TRÀ, trà

チャ お茶 tea｜茶｜차｜trà 紅茶 black tea｜红茶｜홍차｜hóng trà

茶色 brown｜茶色(的), 褐色(的)｜갈색｜màu nâu

サ 喫茶店 a coffee shop, a tea house｜咖啡馆, 茶馆｜찻 집｜quán cà phê

茶 茶 茶

---

108

**酒** 10画 〔酉〕 丶 丶 丶 氵 沪 沪 沪 洒 洒 酒

alcoholic drinks｜酒｜술 주｜TỬU, rượu

さけ お酒 alcoholic drink, *sake* (Japanese rice wine)｜清酒, 日本酒｜술, 일본술｜rượu, rượu sake

酒 酒 酒

---

109

**肉** 6画 〔肉〕 丨 冂 内 内 肉 肉

flesh, meat｜肉｜고기 육｜NHỤC, thịt

ニク 肉 meat｜肉｜고기｜thịt 牛肉 beef｜牛肉｜쇠고기｜thịt bò

豚肉 pork｜猪肉｜돼지고기｜thịt heo, thịt lợn とり肉 chicken｜鸡肉｜닭고기｜thịt gà

肉 肉 肉

10 **牛** 〔牛〕 4画 ノ ⵑ 𠂉 牛
cattle｜牛｜소 우｜NGƯU, con bò

**ギュウ**　牛肉 beef｜牛肉｜쇠고기｜thịt bò　　牛乳 milk｜牛奶｜우유｜sữa

| 牛 | 牛 | 牛 | | | | | | | | | | | | |
|---|---|---|---|---|---|---|---|---|---|---|---|---|---|---|

😲 **よみましょう**　読みを ひらがなで 書きなさい。

① 今、何時ですか。

② 日曜日に 何を しますか。

③ スーパーで 牛肉と お酒を 買います。

④ 林さんに お茶を もらいました。

⑤ 姉は 毎日 牛乳を 飲みます。

✏️ **かきましょう**　＿＿に 漢字、または 漢字と ひらがなを 書きなさい。

① ＿＿＿は ＿＿＿＿＿を ＿＿＿＿＿＿＿＿＿＿。
　　わたし　　ぎゅうにく　　　た　べ　ま　せ　ん

② いっしょに お＿＿＿を ＿＿＿＿＿＿＿＿＿＿＿＿＿。
　　　　　　　　ちゃ　　　　　の　み　ま　せ　ん　か

③ あの 喫＿＿店で ＿＿＿＿＿＿＿＿＿＿＿＿。
　　　　さ　　　　　や　す　み　ま　し　ょ　う

④ ＿＿＿＿＿＿は ＿＿＿＿＿＿＿ですか。
　　きょう　　　　なんようび

⑤ ＿＿＿は お＿＿＿が ＿＿＿＿＿です。
　　あに　　　さけ　　　すき

111 **魚** 11画 〔魚〕 ノ ク イ 各 仔 角 舟 魚 魚 魚 魚
fish｜鱼｜고기 어｜NGƯ, cá

さかな 魚 a fish｜鱼｜물고기｜cá

112 **鳥** 11画 〔鳥〕 ´ ´ ゛ ゛ ゛ ゛ 鳥 鳥 鳥 鳥 鳥
bird｜鸟｜새 조｜ĐIỂU, chim

とり 鳥 a bird｜鸟｜새｜chim　　　　小鳥 a small bird｜小鸟｜작은 새｜con chim nhỏ

113 **犬** 4画 〔犬〕 一 ナ 大 犬
dog｜犬｜개 견｜KHUYỂN, con chó

いぬ 犬 a dog｜狗｜개｜con chó

114 **音** 9画 〔音〕 ' 一 ナ 立 音 音 音 音 音
sound｜音｜소리 음｜ÂM, tiếng

オン 音楽 music｜音乐｜음악｜âm nhạc　　　　発音 pronunciation｜发音｜발음｜phát âm
音読み *onyomi* reading｜音读｜음독｜cách đọc "onyomi"

おと 音 sound｜音, 声｜소리｜âm, tiếng

音 音 音

15 楽 〔木〕 13画 ′ 「 冂 冃 白 冶 泊 泊 泊 染 楽 楽 楽

pleasure, comfortable | 乐 | 풍류 악 | LẠC, vui vẻ, thoải mái

ガク 音楽 music | 音乐 | 음악 | âm nhạc

たの-しい 楽しい pleasant, enjoyable | 愉快(的), 高兴(的) | 즐겁다 | vui, thích thú

たの-しむ 楽しむ to enjoy | 享受 | 즐기다 | niềm vui, thưởng thức

| 楽 | 楽 | 楽 | | | | | | | | | | | | |
|---|---|---|---|---|---|---|---|---|---|---|---|---|---|---|

## よみましょう 読みを ひらがなで 書きなさい。

① 勉強は 楽しいです。

② 家の 前に 黒い 犬が います。

③ 電車の 中で 音楽を 聞きます。

④ 鳥が 川の 魚を 食べます。

⑤ 雨の 音が 聞こえます。

## かきましょう ___に 漢字、または 漢字と ひらがなを 書きなさい。

① _____の _____に 小_____が います。
　　　き　　　　　うえ　　　　　とり

② _____に _____が います。
　　かわ　　　　さかな

③ _____に _____が います。
　　いえ　　　　いぬ

④ パーティーは _____です。
　　　　　　　たのしかった

⑤ _____の _____が _____。
　　くるま　　　おと　　　　きこえます

**116 花** 7画 〔⺾〕 一 十 サ サ 艻 花 花

flower｜花｜꽃 화｜HOA, hoa

**カ** 花びん a flower vase｜花瓶｜꽃 병｜bình hoa

**はな** 花 a flower｜花｜꽃｜hoa

花屋 a florist｜花商, 花店｜꽃집｜cửa hàng hoa

花見 flower (cherry blossom) viewing｜赏花｜꽃구경｜ngắm hoa (đi ngắm hoa anh đào)

**117 映** 9画 〔日〕 l 冂 冂 日 日 旫 肨 映 映

reflect｜映｜비칠 영｜ÁNH, chiếu sáng, phản chiếu

**エイ** 映画 a movie, a cinema｜电影｜영화｜phim

映画館 a movie theater｜电影院｜영화관｜rạp phim

**118 画** 8画 〔田〕 一 ｢ 冂 币 雨 雨 画 画

picture, plan｜画｜그을 획｜HOẠ, tranh vẽ, nét

**ガ** 映画 a movie, a cinema｜电影｜영화｜phim

**カク** 計画する to plan｜计划, 规划｜계획하다｜lên kế hoạch

漫画 comics｜漫画｜만화｜ruyện tranh

画数 the number of strokes｜笔画数｜획수｜số nét vẽ

**119 写** 5画 〔冖〕 丶 冖 写 写 写

copy｜写｜베낄 사｜TẢ, sao lại, chụp lại

**シャ** 写真 a photograph｜照片, 写真｜사진｜ảnh

**うつ-す** 写す to copy, to take a picture｜抄, 誊, 拍照｜베끼다, 본뜨다｜sao, chụp, copy

20

## 真 10画〔目〕 一 十 十 广 方 方 直 直 真 真

true｜真｜참 진｜CHÂN, chân thật, đúng

**シン**
**ま**

写真 a photograph｜照片, 写真｜사진｜ảnh

真ん中 the center, the middle｜正中｜한 가운데｜ở giữa, chính giữa

真っすぐな straight｜笔直(的)｜쪽 곧게｜thẳng

| 真 | 真 | 真 | | | | | | | | | | | | |
|---|---|---|---|---|---|---|---|---|---|---|---|---|---|---|

### よみましょう 読みを ひらがなで 書きなさい。

① これは 山の 写真です。

② どんな 映画を 見ますか。

③ テーブルの 上に 花びんが あります。

④ 日本人は 春に 花見を します。

⑤ 真っすぐ 行って ください。

### かきましょう ___に 漢字、または 漢字と ひらがなを 書きなさい。

① _____の _____の _____、_____を _____。
　せんしゅう　　　　きんようび　　　　よる　　　　えいが　　　　みました

② あの _____ _____は _____ですか。
　　　きいろい　　　はな　　　なん

③ _____の _____(Mother's Day)に _____を あげます。
　はは　　　ひ　　　　　　　　　　はな

④ これは _____の _____の _____です。
　　　わたし　　　かぞく　　　　しゃしん

_____ん_____に _____が います。
　ま　　　なか　　　いもうと

問題1　読みを ひらがなで 書きなさい。

① スーパーで 牛肉と 魚と お酒を 買いました。

② 今朝は 何も 食べませんでした。お茶を 飲みました。

③ これは 家族の 写真です。犬や 鳥も います。

④ テーブルの 真ん中に 花びんが あります。

⑤ 日曜日に 映画を 見ます。ときどき、音楽を 聞きます。

問題2　____に 漢字、または 漢字と ひらがなを 書きなさい。

①「____の _____を とりましたか。」「____や____や____です。」
　　なん　　しゃしん　　　　　　　　　はな　　とり　　いぬ

② ここから ビルが _____。____の____が_____。
　　　　　　　　　　み え ます　くるま　おと　き こ え ます

③ _____は _____ですから、よく _____。
　　えい が　　　た のし い　　　　　　　　　　み ま す

④ ____は お____を _____。
　　わたし　　さけ　の み ま せ ん

　____は _____が、_____は _____。
　さかな　た べ ま す　　　ぎゅうにく　た べ ま せ ん

⑤ コンビニ (convenience store) で お____を _____。
　　　　　　　　　　　　　　　　ちゃ　か い ま し た

問題3　何画目に 書きますか。( )の 中に 数字を 書きなさい。　れい:川（３）

① 何（　）　② 写（　）　③（　）画

📖 ふりかえり Review

→ 自分の休みの日について、漢字を使って文を書くことができる。　　はい　・　いいえ
　Write about your off days using kanji.

→ 6課で勉強した漢字を読んだり、書いたりできる。　　はい　・　いいえ
　Read and write kanji you learned in lesson 6.

# 7課

## 教室で In the Classroom

この課で学ぶこと　教室で使われる表現の漢字について考えましょう。

① 立ってください／座ってください／日本語で話してください（私は……）／読んでください（森さんが……）／書いてください（ねこ）

貸します ←→ 借ります

教えます ←→ 習います

121
立 5画 〔立〕 `ノ 一 ナ 立 立`
stand｜立｜설 입｜LẬP, đứng dậy

た-つ 立つ to stand up｜站｜서다｜đứng
た-てる 立てる to stand up｜立, 竖｜세우다｜dựng, lập lên

立 立 立

---

122
座 10画 〔广〕 `ノ 一 广 广 庐 庐 座 座 座 座`
sit｜座｜앉을 좌｜TOẠ, ngồi

すわ-る 座る to sit down｜坐｜앉다｜ngồi

座 座 座

---

123
答 12画 〔⺮〕 `ノ ト 七 竹 竹 竹 竹 笒 笶 答 答 答`
answer｜答｜대답할 답｜ĐÁP, trả lời, đáp

こた-え 答え an answer｜回答｜대답｜câu trả lời
こた-える 答える to answer｜回答｜대답하다｜trả lời

答 答 答

---

124
読 14画 〔言〕 `丶 一 亠 言 言 言 言 言 訂 詩 詩 詩 読 読`
read｜读｜읽을 독｜ĐỘC, đọc

よ-む 読む to read｜读, 看｜읽다｜đọc
音読み onyomi reading｜音读｜음독｜cách đọc "onyomi"
訓読み kunyomi reading｜训读｜훈독｜cách đọc "kunyomi"

読 読 読

25 書 10画 〔日〕 フ ヲ ヲ ヨ ヨ 聿 聿 書 書 書

write, book｜书｜글 서｜THƯ, viết, sách

ショ 　辞書 a dictionary｜字典｜사전｜từ điển 　　　図書館 a library｜图书馆｜도서관｜thư viện

か-く 　書く to write｜写｜쓰다｜viết

| 書 | 書 | 書 | | | | | | | | | | | |
|---|---|---|---|---|---|---|---|---|---|---|---|---|---|

😲 **よみましょう** 読みを ひらがなで 書きなさい。

① 座って ください。

② 答えて ください。

③ 書いて ください。

④ 読んで ください。

⑤ 立って ください。

✏️ **かきましょう** ＿＿に 漢字、または 漢字と ひらがなを 書きなさい。

① ドアの ＿＿＿＿＿に ＿＿＿＿＿＿＿＿＿。
　　　　　まえ　　　　　　たちます

② いすに ＿＿＿＿＿＿＿＿＿。
　　　　　すわります

③ 電＿＿＿で 漫＿＿＿を ＿＿＿＿＿＿＿＿。
　　しゃ　　　　　が　　　　　よみます

④ テストの ＿＿＿＿＿＿を ＿＿＿＿＿＿＿。
　　　　　こたえ　　　　　かきます

⑤ ＿＿＿は ＿＿＿＿＿＿図＿＿＿館へ ＿＿＿＿＿＿＿。
　　わたし　　せんしゅう　　しょ　　　　いきました

97

## 126 待

9画 〔彳〕 ノ ク イ 彳 什 社 待 待 待

wait｜待｜기다릴 대｜ĐÃI, đợi

**タイ** 招待する to invite｜邀请｜초대하다｜chiêu đãi

**ま-つ** 待つ to wait｜等｜기다리다｜đợi

| 待 | 待 | 待 | | | | | | | | | | |
|---|---|---|---|---|---|---|---|---|---|---|---|---|

## 127 度

9画 〔广〕 ` 亠 广 广 产 产 产 度 度

degree, time｜度｜법도 도｜ĐỘ, chừng mực, lần

**ド** 〜度 〜 degree(s), 〜 time(s)｜〜次, 〜回｜〜번｜〜 lần, 〜 độ

一度 once｜一次, 一回｜한 번｜một lần

今度 this time, next time｜这一次(回), 下一次(回)｜이번, 이 다음｜lần này, lần sau

**タク** 支度 preparation｜准备｜준비｜chuẩn bị

| 度 | 度 | 度 | | | | | | | | | | |
|---|---|---|---|---|---|---|---|---|---|---|---|---|

## 128 話

13画 〔言〕 ` ⺊ ⺍ ⺕ ⻖ 言 言 訂 訐 討 話 話

speak｜话｜이야기 화｜THOẠI, nói, đàm thoại

**ワ** 電話 a telephone｜电话｜전화｜điện thoại

会話 conversation｜会话, 对话｜회화｜hội thoại, giao tiếp, nói chuyện

世話 help, care｜帮忙, 照料｜폐, 신세｜chăm sóc, giúp đỡ

**はな-す** 話す to speak｜说｜말하다｜nói

**はなし** 話 a talk, speech｜话, 说话｜이야기｜chuyện, nói chuyện

| 話 | 話 | 話 | | | | | | | | | | |
|---|---|---|---|---|---|---|---|---|---|---|---|---|

## 129 語

14画 〔言〕 ` ⺊ ⺍ ⺕ ⻖ 言 言 訂 訐 語 語 語 語

language, word｜语｜말할 어｜NGỮ, từ, ngôn ngữ

**ゴ** 日本語 Japanese｜日语｜일본어｜tiếng Nhật

英語 English｜英语｜영어｜tiếng Anh

フランス語 French｜法语｜프랑스어｜tiếng Pháp

| 語 | 語 | 語 | | | | | | | | | | |
|---|---|---|---|---|---|---|---|---|---|---|---|---|

30 英 8画 〔艹〕 一 十 艹 艹 芍 芭 茁 英 英
distinguished, England｜英｜꽃 영｜ANH, nước Anh, tiếng Anh

エイ 英語 English｜英语｜영어｜tiếng Anh

| 英 | 英 | 英 | | | | | | | | | | | | |
|---|---|---|---|---|---|---|---|---|---|---|---|---|---|---|

😮 **よみましょう** 読みを ひらがなで 書きなさい。

① ゆっくり 話して ください。

② もう一度 お願いします。

③ ちょっと 待って ください。

④ すみませんが、英語で お願いします。

⑤「telephone」は 日本語で「電話」です。

✏️ **かきましょう** ＿＿に 漢字、または 漢字と ひらがなを 書きなさい。

① ＿＿＿＿＿＿ フランスへ ＿＿＿＿＿＿＿＿＿＿。
　　　いちど　　　　　　　　　いきました

② ＿＿＿＿＿＿で ＿＿＿＿＿＿を ＿＿＿＿＿＿＿。
　　　かいしゃ　　　　えいご　　　　はなします

③ スマホ (smartphone) で ＿＿＿＿＿＿を＿＿＿＿＿＿ します。
　　　　　　　　　　　　　　かいわ　　　べんきょう

④ ＿＿＿＿＿さんの ＿＿＿＿＿は おもしろいです。
　　もり　　　　　　　はなし

⑤ ＿＿＿＿＿＿さんを ＿＿＿＿＿＿＿＿＿ ＿＿＿＿＿＿＿＿＿。
　　　たなか　　　　　　　さんじゅっぷん　　　まちました

131 **教** 11画 〔攵〕 一 十 土 耂 耂 孝 孝 孝 教 教
teach｜教｜가르칠 교｜GIÁO, dạy

キョウ 　教室 a classroom｜教室｜교실｜lớp học 　　　　教育 education｜教育｜교육｜giáo dục
おし-える 　教える to teach｜教｜가르치다｜chỉ, dạy

教 教 教

132 **習** 11画 〔羽〕 フ フ ヲ ヲ ヲ ヲヲ ヲヲ ヲヲ ヲヲ 習 習 習
learn｜习｜익힐 습｜TẬP, học tập

シュウ 　練習する to practice｜练习｜연습하다｜luyện tập 　　予習する to prepare for lessons｜预习｜예습하다｜
　　　　復習する to review｜复习｜복습하다｜ôn lại, học ôn 　　　　　　　　　学trước, chuẩn bị bài trước
なら-う 　習う to learn｜学习｜배우다｜học

習 習 習

133 **貸** 12画 〔貝〕 ノ イ 仁 代 代 代 伐 侱 侱 侱 貸 貸
lend｜贷｜빌릴 대｜THẢI, cho vay

か-す 　貸す to lend, to rent｜借给, 贷｜빌려주다｜cho vay, cho mượn

貸 貸 貸

134 **借** 10画 〔亻〕 ノ イ 仁 什 什 件 件 借 借 借
borrow｜借｜빌 차｜TÁ, mượn

か-りる 　借りる to borrow｜借, 借入｜빌리다｜vay, mượn

借 借 借

35

# 送

**9画**
（辶）

丶 ソ ᴗ ⵑ 平 关 关 送 送

send｜送｜보낼 송｜TỐNG, gửi

**ソウ** 放送 broadcasting｜广播, 放送｜방송｜phát sóng

**おく-る** 送る to send｜送, 寄｜보내다｜gửi

| 送 | 送 | 送 | | | | | | | | | | | |
|---|---|---|---|---|---|---|---|---|---|---|---|---|---|

## よみましょう 読みを ひらがなで 書きなさい。

① 留学生に アパートを 貸します。

② 会話を 練習しましょう。

③ 家族に 写真を 送ります。

④ 中川さんに 車を 借りました。

⑤ お名前を 教えて ください。

## かきましょう ___に 漢字、または 漢字と ひらがなを 書きなさい。

① _____さんに お_____を _____。
　　やまだ　　　　　　かね　　　　　　かり ます した

② _____の _____を _____。
　　えいご　　　　かいわ　　　　　ならい ます

③ すみませんが、ペンを _____ ください。
　　　　　　　　　　　　　かして

④ _____に メッセージ (message) を _____。
　　かぞく　　　　　　　　　　　　おくり ます

⑤ _____室に _____が います。
　　きょう　　　　がくせい

101

136

**本** 5画 〔木〕 一 十 才 木 本
origin, book｜本｜근본 본｜BẢN, BỒN, gốc, sách

ホン

本 a book｜书｜책｜sách
日本語 Japanese｜日语｜일본어｜tiếng Nhật

日本 Japan｜日本｜일본｜Nhật Bản
〜本 counter for thin and long things｜〜根｜〜개｜
~cây (số đếm cho những vật có kích thước dài)

本 本 本

137

**漢** 13画 〔氵〕 丶 丶 氵 氵 汁 芦 芦 芦 芦 萮 漢 漢
Chinese｜汉｜왕조 이름 한｜HÁN, chữ Hán, Trung Hoa

カン

漢字 kanji｜汉字｜한자｜chữ hán

漢 漢 漢

138

**字** 6画 〔子〕 丶 丶 宀 宁 字 字
character｜字｜글자 자｜TỰ, chữ

ジ

字 a character, a letter｜字｜글자｜chữ

漢字 kanji｜汉字｜한자｜chữ hán

字 字 字

139

**発** 9画 〔癶〕 ノ 丿 夕 癶 癶 癶 癶 癶 発
start, emit｜发｜다스릴 발｜PHÁT, khởi đầu, phát hành

ハツ

発音 pronunciation｜发音｜발음｜phát âm

発 発 発

40 | 友 | 4画 〔又〕 | 一ナ方友
friend｜友｜벗 우｜HỮU, bạn

とも　　友達 a friend｜朋友｜친구｜bạn, bạn bè

| 友 | 友 | 友 | | | | | | | | | | | | |

😮 **よみましょう**　読みを ひらがなで 書きなさい。

① 毎日 一時間、漢字を 勉強します。

② 先生が 発音を 教えます。

③ 赤ワインを 一本と 白ワインを 二本 買いました。

④ スミスさんは 字が きれいです。

⑤ 友達に 日本語の 本を 借りました。

✏️ **かきましょう**　＿＿に 漢字、または 漢字と ひらがなを 書きなさい。

① その ＿＿＿＿＿ は もう ＿＿＿＿＿＿＿＿＿＿＿＿＿＿＿。
　　　　　　ほ ん　　　　　　　　　　よ み ま し た

② ＿＿＿＿＿＿ ＿＿＿＿達と いっしょに ＿＿＿＿＿を ＿＿＿＿＿＿＿。
　　あ し た　　と も　　　　　　　　　　え い が　　　　　み ま す

③ ＿＿＿＿＿の ＿＿＿＿＿に ＿＿＿＿＿へ ＿＿＿＿＿＿＿＿＿。
　　きょ ね ん　　　じゅう が つ　　　　に ほ ん　　　　　き ま し た

④ ＿＿＿の ＿＿＿の ＿＿＿に ＿＿＿が ＿＿＿＿＿ あります。
　　わ た し　　　い え　　　ま え　　　　き　　　さ ん ぼ ん

⑤ ＿＿＿＿＿に ＿＿＿＿＿＿の ＿＿＿＿＿を ＿＿＿＿＿＿＿＿＿。
　　せ ん せ い　　　に ほ ん ご　　　は つ お ん　　　な ら い ま す

問題1　読みを ひらがなで 書きなさい。

① 漢字で 書いて ください。

② 日本語で 答えて ください。

③ 友達は 英語の 発音が 上手です。

④ 教室で 先生を 待ちます。

⑤ メッセージを 送りましたから、読んで ください。

⑥ 一週間に 一度、電話で 家族と 話します。

問題2　（　　　）に 漢字、または 漢字と ひらがなを 書きなさい。

れい：（　上　）⇔　下　　　　　　　　　起きます ⇔ （ 寝ます ）
　　　　うえ　　　（ した ）　　　　　（ おきます ）　　ねます

① （　　　　　　　）⇔　習います　　　② 借ります ⇔ （　　　　　　　）
　　おしえます　　（　　　　　　　）　（　　　　　　　）　　かします

③ （　　　　　　　）⇔　座ります
　　たちます　　　（　　　　　　　）

問題3　何画目に 書きますか。（ ）の 中に 数字を 書きなさい。れい：川（３）

①　友 （　）　　　②（　）送　　　③ 英（　）

📖 **ふりかえり** Review

教室で 使われている 表現が 理解でき、漢字とひらがなで 書くことができる。　　はい　・　いいえ
Understand the expressions used in class and write them in *kanji* and hiragana.

7課で 勉強した 漢字を 読んだり、書いたりできる。　　はい　・　いいえ
Read and write *kanji* you learned in lesson 7.

# い形容詞 *i* Adjectives

この課で学ぶこと　「い形容詞」の漢字を考えましょう。

大きい　　小さい　　長い　　短い

高い　　低い　　軽い　　重い

安い　　高い　　弱い　　強い

新しい　　古い　　暑い　　寒い

多い　　少ない　　明るい　　暗い

いい　　悪い

## 141 大

3画 〔大〕 一ナ大
big｜大｜큰 대｜ĐẠI, to, lớn

ダイ　大学 a university｜大学｜대학｜đại học
タイ　大使館 an embassy｜大使馆｜대사관｜đại sứ quán　　大切な important｜重要(的)｜소중한｜quan trọng, quý giá
おお-きい　大きい big, large｜大(的)｜크다｜to, lớn
⊙⊙　大人 an adult｜大人, 成年人｜어른｜người lớn, người trưởng thành

大 大 大

## 142 小

3画 〔小〕 亅小小
small｜小｜작을 소｜TIỂU, nhỏ

ショウ　小学校 an elementary (a primary) school｜小学｜초등학교｜trường tiểu học　　小学生 a schoolchild｜小学生｜초등학생｜học sinh tiểu học
　　　　小説 a novel｜小说｜소설｜tiểu thuyết
ちい-さい　小さい small｜小(的)｜작다｜nhỏ, bé
こ　小鳥 a small bird｜小鸟｜작은 새｜con chim nhỏ

小 小 小

## 143 高

10画 〔高〕 亠亠亠亠高高高高
high｜高｜높을 고｜CAO, cao

コウ　高校 a senior high school｜高中｜고등학교｜trường cấp ba　　高校生 a senior high school student｜高中生｜고등학생｜học sinh cấp ba
たか-い　高い high, expensive｜高(的)｜높다｜cao

高 高 高

## 144 低

7画 〔亻〕 ノイ仁化仟低低
low｜低｜낮을 저｜ĐÊ, thấp

ひく-い　低い low｜低(的)｜낮다｜thấp

低 低 低

45

**安** 6画 〔宀〕 `丶 丶 宀 宊 安 安`

peaceful, cheap｜安｜편안 안｜AN, yên lành, rẻ

アン　　安全な safe｜安全(的)｜안전한｜an toàn　　　安心する to be relieved｜安心, 放心｜안심하다｜an tâm

やす-い　　安い cheap, inexpensive｜便宜(的)｜싸다｜rẻ

| 安 | 安 | 安 | | | | | | | | | | | |
|---|---|---|---|---|---|---|---|---|---|---|---|---|---|

😮 **よみましょう** 読みを ひらがなで 書きなさい。

① 姉は 背が 高い (tall) ですが、兄は 背が 低いです。

② 大きい 木に 小鳥が たくさん います。

③ 母の 手紙を 読んで、安心しました。

④ イギリスの 大学で 日本語を 勉強しました。

⑤ 今日の 午後、大使館へ 行きます。

✏️ **かきましょう** ＿＿に 漢字、または 漢字と ひらがなを 書きなさい。

① ＿＿＿＿＿＿のは ＿＿＿＿＿ですから、＿＿＿＿＿＿のを ください。
　　おおきい　　　　　たかい　　　　　　　　ちいさい

② ＿＿＿＿＿の ＿＿＿説を ＿＿＿＿＿で ＿＿＿＿＿＿＿。
　　にほん　　　しょう　　　えいご　　　　よみました

③ これは ＿＿＿切な ＿＿＿＿＿＿です。
　　　　　　たい　　　しゃしん

④ ＿＿＿＿＿は ＿＿＿＿＿で、＿＿＿＿＿＿＿は ＿＿＿＿＿＿＿です。
　　おとな　　　せんえん　　　しょうがくせい　　　ごひゃくえん

⑤ ＿＿＿＿＿の ＿＿＿堂は ＿＿＿＿＿です。
　　だいがく　　しょく　　　やすい

146 **新** 13画 〔斤〕 `' ー + + 亠 立 辛 辛 亲 亲 新 新 新`
new｜新｜새로울 신｜TÂN, mới

**シン**
しんぶん
新聞 a newspapaer｜报纸｜신문｜báo, tờ báo

しんぶんしゃ
新聞社 a newspaper company｜报社｜신문사｜tòa soạn báo

**あたら-しい**
あたら
新しい new｜新(的)｜새롭다｜mới

| 新 | 新 | 新 | | | | | | | | | | |
|---|---|---|---|---|---|---|---|---|---|---|---|---|

147 **古** 5画 〔口〕 `一 十 十 古 古`
old｜古｜옛 고｜CỔ, cũ

**ふる-い**
ふる
古い old｜旧(的)｜낡다｜cũ

| 古 | 古 | 古 | | | | | | | | | | |
|---|---|---|---|---|---|---|---|---|---|---|---|---|

148 **多** 6画 〔夕〕 `ノ ク タ タ 多 多`
many｜多｜많을 다｜ĐA, nhiều

**おお-い**
おお
多い many, much, a lot of｜多(的)｜많다｜nhiều

| 多 | 多 | 多 | | | | | | | | | | |
|---|---|---|---|---|---|---|---|---|---|---|---|---|

149 **少** 4画 〔小〕 `亅 小 小 少`
little｜少｜적을 소｜THIẾU, ít

**すく-ない**
すく
少ない little, few｜少(的)｜적다｜ít

**すこ-し**
すこ
少し a little, a few｜一点, 稍微｜조금｜một chút, một ít

| 少 | 少 | 少 | | | | | | | | | | |
|---|---|---|---|---|---|---|---|---|---|---|---|---|

150

| 正 | 5画 〔止〕 一 丁 下 正 正 |

right｜正｜바를 정｜CHÍNH, đúng

**ショウ** 正月 the New Year, New Year's Day｜正月｜새해｜tết, năm mới (dương lịch)

**ただ-しい** 正しい right, correct｜正确(的)｜옳다, 바르다｜đúng, chính xác

正 正 正

**よみましょう** 読みを ひらがなで 書きなさい。

① 六月は 雨の 日が 多いです。

② 祖父は 新聞社で 働いて いました。

③ 正月に 古い 神社へ 行きました。

④ この 答えは 正しいです。

⑤ あの 図書館は 本が 少ないです。

**かきましょう** ＿＿に 漢字、または 漢字と ひらがなを 書きなさい。

① ＿＿＿＿＿の ＿＿に ＿＿＿＿ お ＿＿を ＿＿＿＿＿＿。
しょくじ　まえ　すこし　さけ　のみます

② ＿＿＿＿＿ ＿＿＿を リサイクル (recycle) します。
ふるい　ほん

③ ＿＿＿は ＿＿＿の ＿＿が ＿＿＿です。
こんげつ　やすみ　ひ　おおい

④ ＿＿＿＿＿ ＿＿＿＿を ＿＿＿＿＿ ください。
ただしい　こたえ　おしえて

⑤ ＿＿＿ ＿＿＿から ＿＿＿＿ ＿＿が ＿＿＿＿＿。
いちがつ　ついたち　あたらしい　とし　はじまります

151 長 8画 〔長〕 丨 厂 厂 F F 토 長 長 長
long, chief | 长 | 길 장 | TRƯỜNG, dài, trưởng

チョウ 校長 a principal | 校长 | 교장 | hiệu trưởng
社長 the president (of a company) | 社长, 总经理 | 사장 | giám đốc
学長 a president (of a university) | 大学校长 | 총장 | hiệu trưởng (trường đại học)

なが-い 長い long | 长(的) | 길다 | dài

152 短 12画 〔矢〕 ノ ト ㇄ 夨 矢 矢 知 矢 知 知 短 短
short | 短 | 짧을 단 | ĐOẢN, ngắn

みじか-い 短い short | 短(的) | 짧다 | ngắn

153 軽 12画 〔車〕 一 厂 厂 厅 百 亘 車 軒 軒 軽 軽 軽
light | 轻 | 가벼울 경 | KHINH, nhẹ

かる-い 軽い light | 轻(的) | 가볍다 | nhẹ

154 重 9画 〔里〕 一 一 千 千 盲 盲 重 重 重
heavy | 重 | 무거울 중 | TRỌNG, nặng

おも-い 重い heavy | 重(的) | 무겁다 | nặng

重 重 重

55 | **弱** | **10画** 〔弓〕 ㇓ ㇆ 弓 弓 弓 弓 弱 弱 弱 弱

weak | 弱 | 약할 약 | NHƯỢC, yếu

**よわ-い** 弱い weak | 弱, 软弱(的) | 약하다 | yếu

| 弱 | 弱 | 弱 | | | | | | | | | | | | |
|---|---|---|---|---|---|---|---|---|---|---|---|---|---|---|

😮 **よみましょう** 読みを ひらがなで 書きなさい。

① この 赤ちゃんは 大きくて 重いです。

② あの方は この 会社の 社長です。

③ 喫茶店で 軽い 食事が できます。

④ ガス (gas) の 火を 弱くして ください。

⑤ この かさは 長いです。その かさは 短いです。

✏️ **かきましょう** ＿＿に 漢字、または 漢字と ひらがなを 書きなさい。

① ＿＿＿＿＿＿＿＿＿ ＿＿＿＿＿＿ カメラを ＿＿＿＿＿＿＿＿＿＿ です。
  ち い さ く て　　　か る い　　　　　　　　　　　　か い た い

② この ＿＿＿＿＿ は 足が ＿＿＿＿＿＿＿ です。
  　　　い ぬ　　　あし　　み じ か い

③ ＿＿＿＿＿＿ の ＿＿＿＿＿＿＿＿ は ＿＿＿＿＿＿ です。
  だ い が く　　　　な つ や す み　　　　　な が い

④ エアコン (air conditioner) を ＿＿＿＿＿＿ ＿＿＿＿＿＿ して ください。
  　　　　　　　　　　　　　　　す こ し　　よ わ く

⑤ ＿＿＿＿＿＿＿ の かばんは ＿＿＿＿＿＿ です。
  せ ん せ い　　　　　　　　　お も い

156 暗 **12画** 〔日〕 丶 冂 冂 目 目 早 昦 昦 昦 暑 暑 暑
hot｜暑｜더울 서｜THỬ, nóng

あつ-い 暑い hot｜热(的)｜덥다｜nóng

| 暑 | 暑 | 暑 | | | | | | | | | | |
|---|---|---|---|---|---|---|---|---|---|---|---|---|

157 寒 **12画** 〔宀〕 丶 丷 宀 宀 宁 宵 寍 寒 寒 寒 寒
cold｜寒｜찰 한｜HÀN, lạnh

さむ-い 寒い cold｜冷(的)｜춥다｜lạnh, rét

| 寒 | 寒 | 寒 | | | | | | | | | | |
|---|---|---|---|---|---|---|---|---|---|---|---|---|

158 暗 **13画** 〔日〕 丨 冂 月 日 日' 旷 旷 旷 晤 晤 暗 暗 暗
dark｜暗｜어두울 암｜ÁM, tối,ngầm

くら-い 暗い dark｜暗, 发黑(的)｜어둡다｜tối

| 暗 | 暗 | 暗 | | | | | | | | | | |
|---|---|---|---|---|---|---|---|---|---|---|---|---|

159 早 **6画** 〔日〕 丨 冂 月 日 旦 早
early｜早｜일찍 조｜TẢO, sớm

はや-い 早い early｜早(的)｜빠르다｜sớm

| 早 | 早 | 早 | | | | | | | | | | |
|---|---|---|---|---|---|---|---|---|---|---|---|---|

60 **悪** 11画 〔心〕 一 厂 厂 гᄆ ᄆ 甲 甲 亜 亜 悪 悪 悪

bad｜恶｜나쁠 악｜ÁC, xấu, tồi

**わる-い** 悪い bad｜不好, 坏(的)｜나쁘다｜tồi, xấu

| 悪 | 悪 | 悪 | | | | | | | | | | | | |
|---|---|---|---|---|---|---|---|---|---|---|---|---|---|---|

😲 **よみましょう** 読みを ひらがなで 書きなさい。

① 弟は 朝早く (early in the morning) 起きます。

② 発音が 悪いですから、よく 練習しましょう。

③ 昨日は 暑かったですが、今日は 寒いです。

④ 暗い 色や 暗い 音楽は 好きじゃ ありません。明るい ものが 好きです。

✏️ **かきましょう** ___に 漢字、または 漢字と ひらがなを 書きなさい。

① 「_____は _____ _____に _____。」
   わたし　　まいばん　　　くじ　　　　　ねます

   「_____ですね。」
   　はやい

② _____しませんでしたから、テストは _____です。
   べんきょう　　　　　　　　　　　　　　わる　か　った

③ _____ですから、電気を つけて ください。
   くらい

④ _____ですから、温かい お_____を _____。
   さむい　　　　　　　　ちゃ　　　のみましょう

⑤ _____の _____は _____ _____が _____です。
   ことし　　　なつ　　あつい　　ひ　　おおかった

問題1　読みを ひらがなで 書きなさい。

① 朝は 寒かったですが、今は 少し 暑いです。

② 子どもが 四人います。大学生と 高校生と 中学生と 小学生です。

③ この かばんは 重いです。軽いのは ありませんか。

④ 社長は 正月に 社員と 一緒に パーティーを しました。

⑤ 少し 早いですが、天気が 悪いですから、帰りましょう。

⑥ 1・2・3・4の 中で、どれが 正しいですか。

問題2　（　　）に 漢字、または 漢字と ひらがなを 書きなさい。
れい：( 大 き い ) ⇔　小さい
　　　おおきい　　（ ち い さ い ）

① (　　　　　　) ⇔　　少ない　　　　② 　　強い　　 ⇔ (　　　　　　)
　　おおい　　　（　　　　　　）　　（　　　　　　）　　　　よわい

③ 　　高い　　⇔ (　　　　　　)　　④ (　　　　　　) ⇔　　暗い
　（　　　　　　）　　やすい　　　　　　あかるい　　　（　　　　　　）

⑤ 　新しい　　⇔ (　　　　　　)　　⑥ (　　　　　　) ⇔　　長い
　（　　　　　　）　　ふるい　　　　　　みじかい　　　（　　　　　　）

問題3　何画目に 書きますか。(　) の 中に 数字を 書きなさい。　れい：川（ 3 ）

①
弱（　）

②
（　）長

③
（　）重

📖 **ふりかえり** Review

➡ 学習した 「い形容詞」の 漢字を 使って、文を 書くことができる。　　　はい　・　いいえ
　　Write sentences using *kanji* for "i-adjectives" you have learned.

➡ 8課で 勉強した 漢字を 読んだり、書いたりできる。　　　はい　・　いいえ
　　Read and write *kanji* you learned in lesson 8.

この課で学ぶこと▶ 「な形容詞」と漢語の動詞の漢字を考えましょう。

① 元気な ⟷ 病気の　　便利な ⟷ 不便な

有名な　　同じ　　親切な　　大切な

② 研究する　　洗濯する　　顔を洗う

注意する　　旅行する

161 元 **4画** 〔儿〕 一 二 テ 元
origin｜元｜으뜸 원｜NGUYÊN, bắt đầu, nguồn

ゲン 元気な healthy, fine｜精神(的), 健康(的)｜건강한｜khỏe, khỏe mạnh

元 元 元

162 気 **6画** 〔气〕 ノ ヒ 气 气 気 気
spirit｜气｜기운 기｜KHÍ, tinh thần

キ 元気な healthy, fine｜精神(的), 健康(的)｜건강한｜khỏe, khỏe mạnh
病気の sick, ill｜病(的)｜병 (의)｜bệnh, ốm
気持ち feelings, mood｜感受, 情绪｜기분｜tâm trạng, cảm giác

天気 weather｜天气｜날씨｜thời tiết
気分 feelings, mood｜心情, 情绪｜기분｜tâm trạng, cảm giác
電気 electricity, an electric light｜电, 电灯｜전기｜điện

気 気 気

163 有 **6画** 〔月〕 ノ ナ 才 有 有 有
own｜有｜있을 유｜HỮU, có

ユウ 有名な famous｜有名(的)｜유명한｜nổi tiếng

有 有 有

164 名 **6画** 〔口〕 ノ ク タ タ 名 名
name｜名｜이름 명｜DANH, tên

メイ 有名な famous｜有名(的)｜유명한｜nổi tiếng
な 名前 name｜名字｜이름｜tên

名 名 名

65 | 同 | **6画** 〔口〕 丨 冂 冂 同 同 同
same | 同 | 한가지 동 | ĐỒNG, cùng, đồng đều

**おな-じ**　同じ　same | 相同 | 같은 | giống nhau

| 同 | 同 | 同 |  |  |  |  |  |  |  |  |  |  |  |  |

 **よみましょう**　読みを ひらがなで 書きなさい。

① あの 男の子は いつも 元気です。

② ここに 名前を 書いて ください。

③ ナイル川は 有名な 川です。

④ 明日の 午前中は いい 天気ですが、午後は 雨でしょう。

⑤ 田中さんの うちは ご主人も 奥さんも 同じ 仕事を して います。

**かきましょう**　＿＿に 漢字、または 漢字と ひらがなを 書きなさい。

① ＿＿＿＿＿は みんな ＿＿＿＿＿です。
　　か ぞ く　　　　　　　げ ん き

② お＿＿＿＿＿を ＿＿＿＿＿＿＿ ください。
　　な ま え　　　　　お し え て

③ 富士山 (Mt. Fuji) は ＿＿＿＿＿な ＿＿＿です。
　ふ じ さん　　　　　ゆ う め い　　　や ま

④ ＿＿＿＿＿が ＿＿＿＿＿ですから、うちへ ＿＿＿＿＿＿＿＿＿。
　　き ぶ ん　　　わ る い　　　　　　　　か え り ま す

⑤ ＿＿＿＿＿と ＿＿は ＿＿＿＿＿ ＿＿＿＿＿で ＿＿＿＿＿＿＿います。
　　か な い　　わ た し　　お な じ　　か い しゃ　　は た ら い て

## 166 親

**16画** 〔見〕 ` ⺊ ⺊ ㆒ ㇒ ㇇ 辛 辛 亲 亲 亲 亲 亲 亲 亲 亲

parent, intimate | 亲 | 친할 친 | THÂN, thân mật, cha mẹ

シン

親切な kind | 热情(的) | 친절한 | thân thiết, tử tế

両親 parents | 双亲, 父母 | 양친, 부모 | bố mẹ

| 親 | 親 | 親 | | | | | | | | | | | |
|---|---|---|---|---|---|---|---|---|---|---|---|---|---|

## 167 切

**4画** 〔刀〕 ㇒ ㇟ 切 切

cut | 切 | 끊을 절 | THIẾT, cắt

セツ

親切な kind | 热情(的) | 친절한 | thân thiết, tử tế

大切な important | 重要(的) | 소중한 | quan trọng, quý giá

き-る

切る to cut | 切, 割 | 자르다 | cắt, chặt, ngừng, hết

切手 stamp | 邮票 | 우표 | tem thư

切符 ticket | 票 | 표, 티켓 | vé

き-れる

切れる to cut | 能切, 断开 | 잘리다, 끊기다 | đứt, hết, sắc, bén (dao)

| 切 | 切 | 切 | | | | | | | | | | | |
|---|---|---|---|---|---|---|---|---|---|---|---|---|---|

## 168 便

**9画** 〔亻〕 ㇒ 亻 ⺅ 仃 佢 佢 佰 便 便

letter, convenient | 便 | 편할 편 | TIỆN, bưu chính, thuận lợi

ベン

便利な convenient | 方便(的) | 편리한 | tiện lợi

不便な inconvenient | 不方便(的) | 불편한 | bất tiện

ビン

郵便局 a post office | 邮局 | 우체국 | bưu điện

| 便 | 便 | 便 | | | | | | | | | | | |
|---|---|---|---|---|---|---|---|---|---|---|---|---|---|

## 169 利

**7画** 〔刂〕 ㇒ ㇒ 千 禾 禾 利 利

advantage, profit | 利 | 이로울 이 | LỢI, có lợi, tiền lời

リ

便利な convenient | 方便(的) | 편리한 | tiện lợi

利用する to use | 利用 | 이용하다 | sử dụng, lợi dụng

| 利 | 利 | 利 | | | | | | | | | | | |
|---|---|---|---|---|---|---|---|---|---|---|---|---|---|

170 | 不 | 4画 〔一〕 | 一 ア オ 不

un-, in-, dis- ｜不｜아닐 부｜BẤT, không

フ　　不便な　inconvenient｜不方便 ( 的 )｜불편한｜bất tiện

| 不 | 不 | 不 | | | | | | | | | | | |
|---|---|---|---|---|---|---|---|---|---|---|---|---|---|

**よみましょう**　読みを ひらがなで 書きなさい。

① コンビニは 便利ですから、よく 利用します。

② 電車に 乗る 前に 切符を 買います。

③ 郵便局で 切手を 買いました。

④ 私の 会社は 遠いですから、不便です。

⑤ ご両親は お元気ですか。

**かきましょう**　___に 漢字、または 漢字と ひらがなを 書きなさい。

① ここは スーパーが ありませんから、_____です。
　　　　　　　　　　　　　　　　　　　　　　　ふ　べ　ん

② りんごを _____に _____。
　　　　　　　は ん ぶ ん　　　　　き り ま す

③ 郵_____局は _____屋の _____に あります。
　　　び　ん　　　　は　な　　　ま　え

④ スマホは _____です。
　　　　　　べ　ん　り

⑤ あの _____の _____は とても _____です。
　　　おん な　　　ひ と　　　　　　し ん せつ

171 研 **9**画 〔石〕 一 ア イ 石 石 石 石 研 研
sharpen, research｜研｜갈 연｜NGHIÊN, mài, tìm tòi

ケン
研究する to research｜研究｜연구하다｜nghiên cứu
研究室 a laboratory, an (professor's) office｜研究室｜연구실｜phòng nghiên cứu

172 究 **7**画 〔宀〕 ' 宀 宀 宀 究 究 究
reach the extreme, master｜究｜궁구할 구｜CỨU, tìm tòi kỹ lưỡng, nghiên cứu

キュウ
研究する to reseach｜研究｜연구하다｜nghiên cứu
研究室 a laboratory, an (professor's) office｜研究室｜연구실｜phòng nghiên cứu

173 質 **15**画 〔貝〕 ´ ´ ´ ´ ´ ´´ ´´ ´´ ´´ ´´ 質 質 質 質 質
question, quality｜质｜모양 질｜CHẤT, chất vấn, phẩm chất

シツ
質問 a question｜质询, 问题｜질문｜câu hỏi, chất vấn

174 問 **11**画 〔口〕 丨 冂 冂 冂 冂 門 門 門 問 問 問
question｜问｜물을 문｜VẤN, hỏi, vấn đề

モン
質問 a question｜质询, 问题｜질문｜câu hỏi, chất vấn
問題 a problem, a question｜问题｜문제｜vấn đề

問 問 問

## 75 文 〔文〕 4画 丶 亠 ナ 文

letter, sentence | 文 | 글월 문 | VĂN, câu

**ブン**

さくぶん
作文 a composition | 作文 | 작문 | bài văn

ぶんしょう
文章 a sentence | 文章 | 문장 | văn chương

ぶんぽう
文法 grammar | 语法 | 문법 | văn phạm, ngữ pháp

ぶん か
文化 culture | 文化 | 문화 | văn hóa

| 文 | 文 | 文 | | | | | | | | | | | |
|---|---|---|---|---|---|---|---|---|---|---|---|---|---|

### 🗣 よみましょう　読みを ひらがなで 書きなさい。

① 文法に ついて 説明します。

② 短い 作文を 書いて ください。

③ テストの 問題に ついて 質問します。

④ あなたは 大学で 何を 研究して いますか。

⑤ 社長は 社員の 質問に 答えました。

### ✏️ かきましょう　___に 漢字、または 漢字と ひらがなを 書きなさい。

① _____ しても いいですか。
　　しつもん

② _____題を _____、_____ ください。
　もん　　　　　　よんで　　　　　こたえて

③ _____は ___から ___まで _____ して います。
　せんせい　　　あさ　　　ばん　　　けんきゅう

④ _____の ___化に ついて _____ ください。
　にほん　　　　ぶん　　　　　　　おしえて

⑤ _____ _____ 作_____を _____。
　すこし　　　　ながい　　　ぶん　　　　かきました

121

## 176

洗 **9画** 〔氵〕 `丶 丶 氵 氵 氵 汁 洪 洪 洗`

wash｜洗｜세낼 세｜TẨY, rửa, giặt

**セン** 洗濯する to wash (clothes)｜洗涤｜세탁하다｜giặt quần áo

**あら-う** 洗う to wash｜洗｜씻다｜rửa, tắm, gội, giặt

お手洗い a toilet｜洗手间, 厕所｜화장실｜toilet, nhà vệ sinh

洗 洗 洗

## 177

濯 **17画** 〔氵〕 `丶 丶 氵 氵 氵 氵 沪 沪 泹 沺 渭 濯 濯 濯 濯 濯 濯`

wash, rinse｜濯｜씻을 탁｜TRẠC, rửa, giặt, súc miệng

**タク** 洗濯する to wash (clothes)｜洗涤｜세탁하다｜giặt quần áo

濯 濯 濯

## 178

注 **8画** 〔氵〕 `丶 丶 氵 氵 汁 汁 注 注`

pour, concentrate｜注｜물댈 주｜CHÚ, rót, đổ,chú ý

**チュウ** 注意する to pay attention, to advise｜注意, 提醒｜주의하다｜chú ý, để ý

注射 an injection｜注射｜주사｜tiêm, chích

注 注 注

## 179

意 **13画** 〔心〕 `丶 亠 亠 立 立 音 音 音 音 音 意 意 意`

mind｜意｜뜻 의｜Ý, ý nghĩa, ý trí

**イ** 注意する to pay attention, to advise｜注意, 提醒｜주의하다｜chú ý, để ý

用意する to prepare｜准备｜준비하다｜chuẩn bị sẵn

意味 meaning｜意思, 含意｜의미｜ý nghĩa

意見 opinion｜意见｜의견｜ý kiến

意 意 意

80 旅 10画 〔方〕 ' 亠 亍 方 扩 扩 扩 方 旅 旅 旅
travel｜旅｜나그네 여｜Lữ, du lịch

リョ 旅行する to travel, to make a trip｜旅行｜여행하다｜di du lịch
旅館 a Japanese inn｜旅馆｜여관｜khách sạn kiểu Nhật

| 旅 | 旅 | 旅 | | | | | | | | | | | |
|---|---|---|---|---|---|---|---|---|---|---|---|---|---|

**よみましょう** 読みを ひらがなで 書きなさい。

① お手洗いは どこですか。

② 今日は いい 天気ですから、洗濯します。

③ 電車が 来ますから、注意して ください。

④ 辞書で 言葉の 意味を しらべます。

⑤ 旅行の 荷物を 用意します。

**かきましょう** ＿に 漢字、または 漢字と ひらがなを 書きなさい。

① この セーターは ＿＿＿＿＿＿＿（ちゅうい） して ＿＿＿＿＿＿＿＿＿（あらって） ください。

② ＿＿＿＿＿＿＿（けんきゅう）室の みんなで ＿＿＿＿＿＿＿＿（りょこう） します。

③ ＿＿＿＿＿（わたし） の レポートに ついて、＿＿＿＿＿＿＿（いけん）を お願いします。

④ ＿＿＿＿＿＿＿（せんたく）は ＿＿＿＿＿＿＿（いっしゅうかん）に ＿＿＿＿＿＿（いちど）、＿＿＿＿＿＿＿（やすみ）の ＿＿＿＿（ひ）に します。

⑤ お手＿＿＿＿＿＿＿＿（あらい） は あちらです。

問題1　読みを ひらがなで 書きなさい。

① 気分が 悪いので、ちょっと お手洗いに 行って 来ます。

② 私も 先生と 同じ 意見です。質問が 一つ あります。

③ 私の 大学は 日本語の 研究で 有名です。

④ 旅行は 楽しかったです。天気が よかったです。そして、旅館の 人は 親切でした。

⑤ 私の 大学には 本屋や コンビニが ありますから、便利です。

問題2　____に 漢字、または 漢字と ひらがなを 書きなさい。

① 作_____に _____を _____ ください。
　　　ぶ ん 　　　な ま え 　　　 か い て

② _____機 (a washing machine)が ありませんから、_____です。
　　せ ん た く 　　　　　　　　　　　　　　　　　　　　ふ べ ん

③ これは _____な _____ですから、_____して _____ください。
　　　　　た い せ つ 　　　し ゃ し ん 　　　　　　　ち ゅ う い 　　　み て

④ _____ _____は いつも _____です。
　　も り 　せ ん せ い 　　　　　　　 げ ん き

⑤ _____ですから、_____に _____。
　　な が い 　　　　　　は ん ぶ ん 　　　き り ま し ょ う

問題3　何画目に 書きますか。( )の 中に 数字を 書きなさい。　れい：川├（３）

① 　　　　　( )　　　　② 　　　　　　　　　　　③ ( )

**有**　　　　　　**不**─( )　　　　　　　**問**

📖 **ふりかえり** Review

→ 勉強した「な形容詞」「漢語動詞」の漢字を使って、文を書くことができる。　はい　・　いいえ
Write sentences using kanji for "na-adjectives" and "Sino-Japanese verbs" you have learned.

→ 9課で勉強した漢字を読んだり、書いたりできる。　　　　　　　はい　・　いいえ
Read and write kanji you learned in lesson 9.

# 部首 Radicals

この課で学ぶこと ▶ 知っている漢字がどのような部分でできているか考えましょう。

多くの漢字はその漢字の形からいくつかの部分に分けられます。それらの部分には共通した形があり、それを「部首」といいます。部首には次の 7 種類があります。それぞれの部首は、多くの場合、共通の意味を表しています。

- へん ・・・・・・・ 漢字の左側の部分　　池　持
- つくり ・・・・・ 漢字の右側の部分　　都　頭
- かんむり ・・・ 漢字の上の部分　　　花　電
- あし ・・・・・・・ 漢字の下の部分　　　思　買
- たれ ・・・・・・・ 漢字の上から下にかかる部分　　広　病
- にょう ・・・・・ 漢字の上から右下にかかる部分　　道　建
- かまえ ・・・・・ 漢字の外側を囲む部分　　国　開

漢和辞典は部首ごとに漢字がまとめられています。また、部首には「さんずい」「くさかんむり」などのように名前がついています。部首がわかると、辞書を引くときや漢字の意味を考えるとき、漢字を口頭で説明するときなどに便利です。

## 1. へん ▮▯

漢字の左側の部分です。「へん」には次のようなものがあります。

| 亻 | にんべん（人の性質や状態などを表すもの）：休、作、使、住 |
| 口 | くちへん（口の働きに関係するもの）：味 |
| 女 | おんなへん（女性に関係があるもの）：姉、妹 |
| 土 | つちへん（土に関係があるもの）：場 |
| 彳 | ぎょうにんべん（移動に関係するもの）：行、待、後 |
| 扌 | てへん（手に関係があるもの）：押、持 |
| 氵 | さんずい（水に関係があるもの）：海、洗、池 |
| 木 | きへん（木でできているものや木の状態を表すもの）：校、村 |
| 日 | ひへん（太陽や時間に関係があるもの）：時、曜、晩 |
| 禾 | のぎへん（稲や税に関係があるもの）：私、秋 |
| 言 | ごんべん（言葉に関係があるもの）：読、説、話 |
| 金 | かねへん（金属に関係があるもの）：鉄、銀 |
| 食 | しょくへん（飲食に関係があるもの）：飲、飯 |

## 2. つくり ▯▮

漢字の右側の部分です。「つくり」には次のようなものがあります。

| 阝 | おおざと（人の住む場所に関係があるもの）：都、部 |
| 頁 | おおがい（顔や頭に関係があるもの）：顔、頭 |

## 3. かんむり ▭

漢字の上の部分です。「かんむり」には次のようなものがあります。

宀 うかんむり（家に関係があるもの）：家、室

艹 くさかんむり（草に関係があるもの）：花、茶、薬

雨 あめかんむり（気象に関係があるもの）：電

## 4. あし ▭

漢字の下の部分です。「あし」には次のようなものがあります。

心 こころ（心に関係があるもの）：悪、思

貝 かい（お金に関係があるもの）：買、貸

## 5. たれ ▛

漢字の上から左にかかる部分です。「たれ」には次のようなものがあります。

广 まだれ（建物に関係があるもの）：店、広、府

疒 やまいだれ（病気に関係があるもの）：病

## 6. にょう ▙

漢字の上から右下にかかる部分です。「にょう」には次のようなものがあります。

廴 えんにょう（進む、延びるの意味があるもの）：建

辶 しんにょう（行くことや道に関係があるもの）：遠、近、送、道、週

## 7. かまえ ▢ ▢ ▢

漢字の外側を囲む部分です。「かまえ」には次のようなものがあります。

囗 くにがまえ（囲むの意味があるもの）：国、図

門 もんがまえ（門に関係があるもの）：間、開、閉

# Radicals

Many *kanji* are composed of smaller easily recognizable parts. Parts that indicate the general meaning of a *kanji* are called radicals (*bushu*). The radicals are divided into seven major types based on their structure and position within a character, and are used to classify characters in dictionaries. Many traditional dictionaries recognize as many as 214 radicals. The types of radicals are as follows:

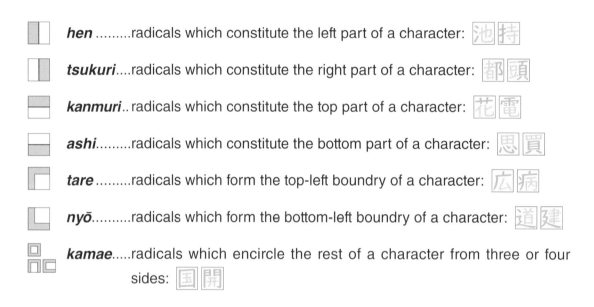

*hen* .........radicals which constitute the left part of a character: 池 持

*tsukuri*....radicals which constitute the right part of a character: 都 頭

*kanmuri*.. radicals which constitute the top part of a character: 花 電

*ashi*.........radicals which constitute the bottom part of a character: 思 買

*tare* .........radicals which form the top-left boundry of a character: 広 病

*nyō*..........radicals which form the bottom-left boundry of a character: 道 建

*kamae*.....radicals which encircle the rest of a character from three or four sides: 国 開

All the radicals have their names. Knowing the radicals and their names is a great help when using character dictionaries, verbally describing a character or trying to guess the approximate meaning of an unknown *kanji*.

1. **Below are the radicals classified as *hen*:**

*ninben*　　characters related to humans or their activities; 休、作、使、住

*kuchihen*　characters related mouth; 味

*onnahen*　characters related to females; 姉、妹

*tsuchihen*　characters related to earth; 場

*gyōninben*　characters related to movement; 行、待、後

*tehen*　　　characters related to hands; 押、持

*sanzui*　　characters related to water; 海、洗、池

*kihen*　　　characters related to trees or timber; 校、村

| | | |
|---|---|---|
| 日 | *hihen* | characters related to the sun; 時、曜、晩 |
| 禾 | *nogihen* | characters related to crops or taxes; 私、秋 |
| 言 | *gonben* | characters related to language or speech; 読、説、話 |
| 金 | *kanehen* | characters related to metal; 鉄、銀 |
| 食 | *shokuhen* | characters related to food or drink; 飲、飯 |

2. **Below are radicals classified as *tsukuri*:** □

| | | |
|---|---|---|
| 阝 | *ōzato* | characters related to human dwellings; 都、部 |
| 頁 | *ōgai* | characters related to the face or head; 顔、頭 |

3. ***Kanmuri*** □

| | | |
|---|---|---|
| 宀 | *ukanmuri* | characters related to houses; 家、室 |
| 艹 | *kusakanmuri* | characters related to grass and plants; 花、茶、薬 |
| 雨 | *amekanmuri* | characters related to weather; 電 |

4. ***Ashi*** □

| | | |
|---|---|---|
| 心 | *kokoro* | characters related to the heart, soul, emotion; 悪、思 |
| 貝 | *kai* | characters related to money; 買、貸 |

5. ***Tare*** □

| | | |
|---|---|---|
| 广 | *madare* | characters related to buildings; 店、広、府 |
| 疒 | *yamaidare* | characters related to illness; 病 |

6. ***Nyō*** □

| | | |
|---|---|---|
| 廴 | *ennyō* | characters related to progress, growth, extension; 建 |
| 辶 | *shinnyō* | characters related to going, moving, road, etc; 遠、近、送、道、週 |

7. ***Kamae*** □ □ □

| | | |
|---|---|---|
| 囗 | *kunigamae* | characters related to encircling, surrounding, territory; 国、図 |
| 門 | *mongamae* | characters related to gates; 間、開、閉 |

## 部首

　许多汉字可以从它们的形状将其分成若干部分。这些部分中都存在共同的形状，而这些形状则称为"部首"。部首分为以下 7 种类别。这些部首通常在许多情况下都代表着共同的意义。

へん 偏 ……………… 汉字左侧的部分，称为偏。 池持

つくり 旁 ………… 汉字右侧的部分，称为旁。 都頭

かんむり 头 …… 汉字的上半部分，成为头。 花電

あし 底 …………… 汉字的下半部分，称为底。 思買

たれ …………… 汉字从上方延伸至下方的部分。称为 TARE 広病

にょう …………… 汉字从上方延申至右下方的，成为 NYOU。 道建

かまえ 匡 ……… 将汉字整体包围起来。 国開

　汉和词典按部首将汉字分类整理。此外，每个部首都有对应的名称，类似于"三点水"、"草字头"等。掌握部首对查字典、认知汉字含义以及口头说明汉字写法时都很方便。

1. **偏**　汉字左侧的部分。称为偏，在汉字中【偏】字旁有以下类型。

**単人字旁**，多用于表述与人相关的性质和状态。：休、作、使、住

**口字旁**，多用于表述嘴的动作。：味

**女字旁**，多用于表述和女性相关的事物。：姉、妹

**土字旁**，多用于表述和土相关的事物。：場

**双人旁**，多用于表述和位置移动相关的事物。：行、待、後

**提手旁**，多用于表述和手相关的事物。：押、持

**三点水旁**，多用于表述和水相关的事物。：海、洗、池

**木字旁**，多用于表述由木头衍生或表述其状态的事物。：校、村

**日字旁**，多用于表述和太阳以及时间相关的事物。：時、曜、晩

**禾木旁**，多用于表述谷物或税相关的事物。：私、秋

**言字旁**，多用于表述和词汇相关的事物。：読、説、話

**金字旁**，多用于表述和金属相关的事物。：鉄、銀

食 **食字旁**，多用于表述和饮食相关的事物。：飲、飯

2. **旁** 汉字右侧的部分。称为旁，在汉字【旁】中有以下类型。

阝 **耳刀旁**，多用于表述人们居住场所的事物。：都、部

頁 **页字旁**，多用于表述脸或头部相关的事物。：顏、頭

3. **头** 汉字的上半部分。称为头，在汉字【头】中有以下类型。

宀 **宝盖头**，多用于和家相关的事物。：家、室

艹 **草字头**，多用于和草本植物相关的事物。：花、茶、薬

雨 **雨字头**，多用于和气象相关的事物。：電

4. **底** 汉字的下半部分。称为底，在汉字【底】中有以下类型。

心 **心字底**，多用于和心思相关的事物。：悪、思

貝 **贝字底**，多用于和金钱有关的事物。：買、貸

5. **无** 汉字从上方延伸至下方的部分。称为 TARE（中文统称为旁）在汉字【TARE】中有以下类型。

广 **广字旁**，多用于和建筑有关的事物。：店、広、府

疒 **病字旁**，多用于和疾病有关的事物。：病

6. **无** 汉字从上方延申至右下方的，成为 NYOU。（中文统称为底）。在汉字【NYOU】中有以下类型。

廴 **延字底**，多用于行进，延展相关的事物。：建

辶 **走之底**，多用于行进或与道路相关的事物。：遠、近、送、道、週

7. **匡** 将汉字整体包围起来。称为匡，在汉字【匡】中有以下类型。

囗 **口字匡**，多用于包围相关的事物。：国、図

門 **门字匡**，多用于和门相关的事物。：間、開、閉

## 부수

많은 한자는 그 한자의 형태에서 여러 부분으로 나뉩니다. 그 부분에는 공통된 형태가 있습니다. 그것을 「부수」라고합니다. 부수에는 다음 7가지가 있습니다. 각 부수는 공통된 의미를 나타냅니다.

**변** ········ 한자의 왼쪽 부분 池持

**방** ········ 한자의 오른쪽 부분 都頭

**머리** ····· 한자의 윗 부분 花電

**발** ········ 한자의 아래 부분 思買

**엄** ········ 한자의 위에서 아래로 걸리는 부분 広病

**받침** ····· 한자의 위에서 오른쪽 아래로 걸리는 부분 道建

**몸** ········ 한자의 주위을 둘러싸는 부분 国開

한화자전는 부수로 한자가 정리되어 있습니다. 또한 부수에는 「삼수변」,「초두머리」등과같이 이름이 붙어 있습니다. 부수를 알면 사전을 찾을 때, 한자의 의미를 생각할때, 한자의 설명하는 경우등에 편리합니다.

1. **변** 한자의 왼쪽 부분입니다. 「변」에는 다음과 같은 것이 있습니다.

**사람인변** (사람의 성격과 상태를 나타내는 것) : 休、作、使、住

**입구변** ( 입의 움직임과 관련된 것 ) : 味

**여자녀** (여성과 관련된것) : 姉、妹

**흙토변** (흙에 관계가 있는 것) : 場

**두인변** (이동에 관련되는것) : 行、待、後

**재방변** (손과 관련이 있는 것) : 押、持

**삼수변** (물과 관련이 있는 것) : 海、洗、池

**나무목변** (나무로 만든 것과 나무의 상태를 나타 내는것) : 校、村

**날일 변** (태양이나 시간에 관계가 있는 것) : 時、曜、晩

**벼화변** (벼나 세금에 관계가 있는 것 ) : 私、秋

**말씀언변** (말에 관계가 있는 것) : 読、説、話

⊞ **쇠금변** (금속에 관계가 있는 것) : 鉄、銀
⊞ **식변** (음식과 관련이 있는 것) : 飲、飯

2. **방** 한자의 오른쪽 부분입니다 .「방」에는 다음과 같은 것이 있습니다 . ▯
⊞ **우부방** (사람이 사는 장소에 관계가 있는 것) : 都、部
⊞ **머리혈** (얼굴이나 머리에 관계가 있는 것) : 顔、頭

3. **머리** 한자 윗 부분입니다 .「머리」에는 다음과 같은 것이 있습니다 . ▭
⊞ **갓머리** (집에 관계가 있는 것) : 家、室
⊞ **초두머리** (풀에관계가있는 것) : 花、茶、薬
⊞ **비우** (비에 관계가 있는 것) : 電

4. **발** 한자 아래 부분입니다 .「발」에는 다음과 같은 것이 있습니다 . ▭
⊞ **마음심** (마음에 관계가 있는 것) : 悪、思
⊞ **조개패** (돈에 관계가 있는 것) : 買、貸

5. **엄** 한자 위에서 왼쪽으로 걸리는 부분입니다 .「엄」에는 다음과 같은 것이 있습니다 . ▯
⊞ **엄호** (건물에 관계가 있는 것) : 店、広、府
⊞ **병질엄** (질병에 관계가 있는 것) : 病

6. **받침** 한자 위에서 오른쪽 아래로 걸리는 부분입니다 .「받침」에는 다음과 같은 것이 있습니다 . ▯
⊞ **민책받침** (진행 , 성장의 의미가 있는 것) : 建
⊞ **책받침** (가는 것과 길에 관계가 있는 것) : 遠、近、送、道、週

7. **몸** 한자의 바깥쪽을 둘러싸는 부분입니다 .「몸」에는 다음과 같은 것이 있습니다 . ▢▢▢
⊞ **큰입구몸** (둘러싸는 의미가 있는 것) : 国、図
⊞ **문문** (문과 관계가 있는 것) : 間、開、閉

## Bộ thủ

Chúng ta thấy, nhiều *Kanji* được kết hợp từ một số bộ phận nhỏ có thể dễ nhận biết. Những bộ phận đó có những hình dạng giống nhau, được gọi là "bộ thủ" (*bushu*). Bộ thủ được chia thành 7 loại cơ bản dựa trên cấu trúc và vị trí của nó bên trong Hán tự và thường được sử dụng để phân loại ký tự trong từ điển. Nhiều từ điển truyền thống nói rằng có 214 bộ thủ. Dưới đây là một số vị trí cơ bản của bộ thủ trong Hán tự.

*hen* (bên trái)...................... bộ thủ có vị trí đứng bên trái Hán tự: 池 持

*tsukuri* (bên phải) ............. bộ thủ có vị trí đứng bên phải Hán tự: 都 頭

*kanmuri* (trên) ..................... bộ thủ có vị trí nằm bên trên Hán tự: 花 電

*ashi* (dưới)........................... bộ thủ có vị trí bên dưới của Hán tự: 思 買

*tare* (góc trên bên trái) ...... bộ thủ ở vị trí góc trên bên trái Hán tự: 広 病

*nyō* (góc dưới bên trái) ..... bộ thủ ở vị trí góc dưới bên trái Hán tự: 道 建

*kamae* (đóng khung).......... bộ thủ bao phần ngoài của Hán tự từ 3 hay 4 phía: 国 開

Tất cả những bộ thủ đều có tên gọi riêng. Hiểu và biết tên các bộ thủ là một lợi thế giúp chúng ta dễ dàng tra từ điển và đoán được ý nghĩa của Hán tự hay giải thích được Hán tự bằng lời.

**1. Dưới đây là những hán tự có bộ thủ đứng bên trái (*hen*):**

亻 **ninben** (Bộ Nhân)    những Hán tự liên quan đến tính chất hay trạng thái con người; 休、作、使、住

口 **kuchihen** (Bộ Khẩu)    những Hán tự liên quan đến hoạt động miệng; 味

女 **onnahen** (Bộ Nữ)    những Hán tự liên quan đến phụ nữ; 姉、妹

土 **tsuchihen** (Bộ Thổ)    những Hán tự liên quan đến đất; 場

彳 **gyōninben** (Bộ Xích)    những Hán tự liên quan đến hành động di chuyển; 行、待、後

扌 **tehen** (Bộ Thủ)    những Hán tự liên quan đến tay; 押、持

氵 **sanzui** (Bộ Thuỷ)    những Hán tự liên quan đến nước; 海、洗、池

木 **kihen** (Bộ Mộc)    những Hán tự liên quan đến cây hay gỗ; 校、村

| 日 | *hihen* (Bộ Nhật) | những Hán tự liên quan đến mặt trời hay thời gian; 時、曜、晩 |
| 禾 | *nogihen* (Bộ Hoà) | những Hán tự liên quan đến mùa vụ hay thuế; 私、秋 |
| 言 | *gonben* (Bộ Ngôn) | những Hán tự liên quan đến ngôn ngữ hay lời nói; 読、説、話 |
| 金 | *kanehen* (Bộ Kim) | những Hán tự liên quan đến kim loại; 鉄、銀 |
| 食 | *shokuhen* (Bộ Thực) | những Hán tự liên quan đến ăn uống; 飲、飯 |

## 2. Những Hán tự có bộ thủ đứng bên phải *(tsukuri)*:

| 阝 | *ōzato* (Bộ Ấp) | những Hán tự liên quan đến nơi ở con người; 都、部 |
| 頁 | *ōgai* (Bộ Hiệt) | những Hán tự liên quan đến đầu hay khuôn mặt con người; 顔、頭 |

## 3. *Kanmuri*

| 宀 | *ukanmuri* (Bộ Miên) | những Hán tự liên quan đến nhà ở; 家、室 |
| 艹 | *kusakanmuri* (Bộ Thảo) | những Hán tự liên quan đến cỏ cây; 花、茶、薬 |
| 雨 | *amekanmuri*(Bộ Vũ) | những Hán tự liên quan đến thời tiết; 電 |

## 4. *Ashi*

| 心 | *kokoro* (Bộ Tâm) | những Hán tự liên quan đến trái tim, tâm hồn, cảm xúc; 悪、思 |
| 貝 | *kai* (Bộ Bối) | những Hán tự liên quan đến tiền bạc; 買、貸 |

## 5. *Tare*

| 广 | *madare* (Bộ Nghiễm) | hững Hán tự liên quan đến kiến trúc toà nhà; 店、広、府 |
| 疒 | *yamaidare* (Bộ Nạch) | những Hán tự liên quan đến bệnh tật; 病 |

## 6. *Nyō*

| 廴 | *ennyō* (Bộ Dẫn) | những Hán tự liên quan đến sự phát triển, tiến triển, mở rộng; 建 |
| 辶 | *shinnyō* (Bộ Xước) | những Hán tự liên quan đến việc đi lại, di chuyển, đường sá; 遠、近、送、道、週 |

## 7. *Kamae*

| 囗 | *kunigamae* (Bộ Vi) | những Hán tự liên quan đến bao quanh, lãnh thổ, phạm vi; 国、図 |
| 門 | *mongamae* (Bộ Môn) | những Hán tự liên quan đến cổng, cửa; 間、開、閉 |

181 **言** 7画 〔言〕 ` ー ニ 〒 言 言 言
say, word｜言｜말씀 언｜NGÔN, nói , từ

い-う 言う to say｜说｜말하다｜nói
こと 言葉 word, language｜词, 语言｜말｜ngôn từ, lời nói

| 言 | 言 | 言 | | | | | | | | | | | | |
|---|---|---|---|---|---|---|---|---|---|---|---|---|---|---|

182 **計** 9画 〔訁〕 ` ー ニ 〒 言 言 言 言 計
calcurate, plan｜计｜셈 계｜KẾ, đo, kế hoạch

ケイ 時計 a clock, a watch｜钟, 表｜시계｜đồng hồ
計画する to plan｜计划｜계획하다｜lên kế hoạch

| 計 | 計 | 計 | | | | | | | | | | | | |
|---|---|---|---|---|---|---|---|---|---|---|---|---|---|---|

183 **池** 6画 〔氵〕 ` 丶 氵 沪 汕 池
pond｜池｜못 지｜TRÌ, ao, hồ

いけ 池 a pond｜池塘｜연못｜ao, hồ

| 池 | 池 | 池 | | | | | | | | | | | | |
|---|---|---|---|---|---|---|---|---|---|---|---|---|---|---|

184 **洋** 9画 〔氵〕 ` 丶 氵 氵 氵 汫 洋 洋 洋
ocean, Western｜洋｜서양 양｜DƯƠNG, biển, phương tây

ヨウ 洋服 Western clothes｜西服, 西装｜양복｜quần áo kiểu tây
洋室 a Western-style room｜西式房间｜서양식 방｜phòng kiểu tày

| 洋 | 洋 | 洋 | | | | | | | | | | | | |
|---|---|---|---|---|---|---|---|---|---|---|---|---|---|---|

185 | 和 | 8画 〔口〕 丿 二 千 千 禾 和 和 和

peace, Japanese | 和 | 화할 화 | HOÀ, hoà bình, theo kiểu nhật

ワ

和室 a Japanese-style room | 和式房间 | 일본식 방 | phòng kiểu nhật

平和 peace | 和平 | 평화 | hòa bình

和 和 和

## よみましょう　読みを ひらがなで 書きなさい。

① 去年の 誕生日に 両親に 時計を もらいました。

② この 言葉の 意味が わかりますか。

③ 和室と 洋室と どちらが いいですか。

④ 正月に 一年の 計画を 書きます。

⑤ 林の 中に 大きい 池が あります。

## かきましょう　＿＿に 漢字、または 漢字と ひらがなを 書きなさい。

① ＿＿＿＿＿＿の ＿＿＿＿＿を ＿＿＿＿＿します。
　　ふゆやすみ　　　りょこう　　　けいかく

② あの ＿＿＿の ＿＿＿は ＿＿＿＿ ＿＿服が ＿＿＿＿＿です。
　　　おんな　　こ　　　あかい　　よう　　　　すき

③ ＿＿＿＿さんは ＿＿＿ ＿＿＿と ＿＿＿＿＿＿＿＿か。
　　やまだ　　　　いま　なん　　　　いいました

④ ＿＿に＿＿＿＿＿ ＿＿＿がいます。
　　いけ　　ちいさい　　さかな

⑤ この＿＿＿＿の ＿＿＿＿は ＿＿＿＿＿＿ですか。
　　　とけい　　　じかん　　　ただしい

## 186 代

5画〔イ〕 ノ イ 仁 代 代

substitution, generation, charge｜代｜대신할 대｜ĐẠI, giá cả, thế hệ, thay thế

**ダイ**
時代 an age, an era｜时代｜시대｜thời đại
〜代 〜 charge, fee｜〜費｜〜료 (가스료, 전기료)｜giá (tiền) 〜

**か-わる**
代わりに in place of, instead of｜代替｜대신에｜thay thế

代 代 代

## 187 持

9画〔扌〕 一 十 扌 扩 扩 扩 扩 持 持

hold, have｜持｜가질 지｜TRÌ, có, giữ, mang

**も-つ**
持つ to have, to hold｜拿, 持有｜가지다｜cầm, mang, có
お金持ちの rich｜有钱(的), 富(的)｜부자의｜giàu có
気持ち feelings, mood｜感受, 情绪｜기분｜tâm trạng, cảm giác
持って行く to take｜带去｜가지고 가다｜mang đi
持って来る to bring｜带来｜가지고 오다｜mang tới

持 持 持

## 188 押

8画〔扌〕 一 十 扌 扌 扣 扣 押 押

push｜押｜누를 압｜ÁP, đẩy ra

**お-す**
押す to push｜挤, 压｜누르다｜đẩy, án, đóng

押 押 押

## 189 引

4画〔弓〕 フ ヲ 弓 引

draw｜引｜당길 인｜DẪN, kéo

**ひ-く**
引く to draw, to pull｜拉, 拖｜당기다｜kéo, hạ giá, trừ
引き出し a drawer, withdrawal (of money)｜抽屉, 提取(存款)｜서랍, (예금을) 찾음｜ngăn kéo, kéo ra, rút tiền
引っ越す to move (to a new residence)｜搬家, 搬迁｜이사하다｜chuyển nhà

引 引 引

## 90 紙 10画〔糸〕 く ㄠ ㄠ ㄠ 幺 糸 糸 糽 紅 紙 紙

paper｜纸｜종이 지｜CHỈ, giấy, báo

**かみ** 　紙 paper｜纸｜종이｜giấy

　手紙 a letter｜书信｜편지｜thư

| 紙 | 紙 | 紙 | | | | | | | | | | | |
|---|---|---|---|---|---|---|---|---|---|---|---|---|---|

### よみましょう　読みを ひらがなで 書きなさい。

① 森さんは お金持ちです。

② この 花びんは 江戸時代 (the Edo period) の ものです。

③ ここから 大学までの バス代は 二百円です。

④ 気分が 悪く なったら、この ボタンを 押して ください。

⑤ 机の 引き出しの 中に 手紙が あります。

### かきましょう　＿＿に 漢字、または 漢字と ひらがなを 書きなさい。

① ＿＿＿＿＿は 天＿＿＿＿が よくて、＿＿＿＿＿＿＿が いいです。
　　きょう　　　き　　　　　　　　きもち

② ＿＿＿＿は ＿＿ご飯と ＿＿＿＿物を ＿＿＿＿＿＿＿ ください。
　あした　　ひる　　　のみ　　もの　もってきて

③ その ドアは ＿＿＿＿＿＿＿＿、＿＿＿＿＿ ください。
　　　　　おさないで　　　ひいて

④ ＿＿＿＿の ＿＿＿＿＿に ＿＿が ＿＿＿＿＿＿。
　しゃちょう　　かわり　　わたし　　きました

⑤ この ＿＿＿に ＿＿＿＿を ＿＿＿＿＿ ください。
　　かみ　　　なまえ　　　かいて

191  **服** 8画 〔月〕 丿 刀 月 月 刖 刖 服 服
clothes｜服｜옷 복｜PHỤC, quần áo

フク
服 clothes｜衣服｜옷｜quần áo
洋服 Western clothes｜西服, 西装｜양복｜quần áo kiểu tây

| 服 | 服 | 服 | | | | | | | | | | | |
|---|---|---|---|---|---|---|---|---|---|---|---|---|---|

192 **取** 8画 〔又〕 一 丆 F F E 耳 取 取
take｜取｜취할 취｜THỦ, lấy

と-る
取る to take｜拿, 取｜잡다｜lấy

| 取 | 取 | 取 | | | | | | | | | | | |
|---|---|---|---|---|---|---|---|---|---|---|---|---|---|

193 **歌** 14画 〔欠〕 一 一 一 一 一 一 一 一 一 哥 哥 歌 歌 歌
song｜歌｜노래 가｜CA, bài hát

うた
歌 a song｜歌｜노래｜bài hát
うた-う
歌う to sing｜唱歌｜노래하다｜hát

| 歌 | 歌 | 歌 | | | | | | | | | | | |
|---|---|---|---|---|---|---|---|---|---|---|---|---|---|

194 **特** 10画 〔牛〕 丿 ㇒ 牛 牛 牛 牜 牜 牜 特 特
special｜特｜홀로 특｜ĐẶC, đặc biệt, riêng

トク
特別な special｜特別 (的)｜특별한｜đặc biệt
特急 a special express｜特快｜특급｜tóc hành

特に specially｜特別｜특별히｜đặc biệt là, nhất là

| 特 | 特 | 特 | | | | | | | | | | | |
|---|---|---|---|---|---|---|---|---|---|---|---|---|---|

95

**別** 7画 〔刂〕 丶 冂 口 号 另 別 別

separate, another | 別 | 다를 별 | BIỆT, khác, riêng, chia rẽ

**ベツ** 　特別な special | 特別(的) | 특별한 | đặc biệt 　　　　　別の another | 另外(的) | 다른 | cái khác

**わか-れる** 　別れる to part from | 离别, 分手 | 헤어지다 | chia rẽ, rời xa

| 別 | 別 | 別 | | | | | | | | | | | |
|---|---|---|---|---|---|---|---|---|---|---|---|---|---|

😮 **よみましょう**　読みを ひらがなで 書きなさい。

① 質問は 特に ありません。

② 今日は 特別な 日ですから、家内に 花を 買います。

③ 田中さんの お父さんは 歌が 上手です。

④ 「さようなら」と 言って、友達と 別れました。

⑤ どうぞ、好きな ケーキを 一つ 取って ください。

✏️ **かきましょう**　＿＿に 漢字、または 漢字と ひらがなを 書きなさい。

① ＿＿＿＿＿は ＿＿＿の ＿＿＿＿(another sheet of paper)に ＿＿＿＿＿＿＿ください。
　　こ　た　え　　　　べつ　　　　かみ　　　　　　　　　　　　　　　　　か　い　て

② ＿＿＿は ＿＿＿が 下手ですから、カラオケに ＿＿＿＿＿＿＿＿＿＿＿。
　　わたし　　うた　　　へた　　　　　　　　　　　　　　　　い　き　ま　せ　ん

③ あの ＿＿＿＿＿たちは みんな ＿＿＿＿＿ ＿＿＿＿＿を 着て います。
　　　　　　がくせい　　　　　　　　　　おなじ　　　　ようふく

④ ＿＿＿＿＿が ありませんから、＿＿＿急で ＿＿＿＿＿＿＿＿＿＿。
　　じかん　　　　　　　　　　　　　　とっ　　　　　い　き　ま　しょう

⑤ その ＿＿＿＿＿ ＿＿＿を ＿＿＿＿＿いただけませんか。
　　　　くろい　　かみ　　　　とって

141

196 **集** 12画 ノ イ イ 仁 仵 什 估 隹 隹 隼 集 集
〔隹〕
collect, gather｜集｜모을 집｜TẬP, tập hợp, thu thập

**あつ-まる** 集まる to gather, to collect｜集合, 集中｜모이다｜tập hợp
**あつ-める** 集める to collect, to gather｜集合, 収集｜모으다｜tập hợp lại, gom lại

| 集 | 集 | 集 | | | | | | | | | |
|---|---|---|---|---|---|---|---|---|---|---|---|

197 **売** 7画 一 十 士 丰 声 壱 売
〔貝〕
sell｜卖｜팔 매｜MẠI, bán

**う-る** 売る to sell｜卖｜팔다｜bán　　　　売り場 a counter｜柜台, 出售处｜파는 곳｜quầy, chỗ bán

| 売 | 売 | 売 | | | | | | | | | |
|---|---|---|---|---|---|---|---|---|---|---|---|

198 **門** 8画 ｜ 冂 冂 冂 冋 門 門 門
〔門〕
gate｜门｜문 문｜MÔN, cổng

**モン** 門 a gate｜门｜문｜cổng　　　　専門 a specialty｜专业｜전문｜chuyên môn

| 門 | 門 | 門 | | | | | | | | | |
|---|---|---|---|---|---|---|---|---|---|---|---|

199 **開** 12画 ｜ 冂 冂 冂 冋 門 門 門 門 閂 開 開
〔門〕
open｜开｜열 개｜KHAI, mở

**あ-く** 開く to open｜开｜열리다｜mở ra
**あ-ける** 開ける to open｜打开｜열다｜mở ra, làm rộng ra
**ひら-く** 開く to open｜开, 开始｜열리다｜mở, nở (hoa)

| 開 | 開 | 開 | | | | | | | | | |
|---|---|---|---|---|---|---|---|---|---|---|---|

閉 **11画** 〔門〕 丨 冂 冂 冃 冃 冃 門 門 門 門 閉 閉

close｜关｜닫을 폐｜BẾ, đóng, bị đóng

**し-まる** 閉まる to close, to shut｜关闭, 紧闭｜닫히다｜đóng, vặn, xiết

**し-める** 閉める to close, to shut｜关闭, 合上｜닫다｜đóng, vặn, xiết

閉 閉 閉

---

😮 **よみましょう** 読みを ひらがなで 書きなさい。

① 兄は 古い お金を 集めて います。

② そんな 洋服は どこで 売って いますか。

③ チョコレートの 箱を 開けました。

④ あなたの 専門は 何ですか。

⑤ 寒いですから、窓を 閉めて ください。

---

✏️ **かきましょう** ___に 漢字、または 漢字と ひらがなを 書きなさい。

① この _____ は _____ に _____。
　　　　もん　　　　ろくじ　　　　　　　　　しまります

② _____ ですから、窓を _____。
　　あつい　　　　　　　　　　　　　あけましょう

③ ___ _____ に、_____ の ___ に _____ ください。
　あさ　はちじはん　　　　　だいがく　　まえ　　あつまって

④ ドアが _____ から、_____ して ください。
　　　　　しまります　　　　　　　　　ちゅうい

⑤ コンビニで お_____ を _____ いますか。
　　　　　　さけ　　　　　うって

問題1　読みを ひらがなで 書きなさい。

① 友達の 代わりに 私が 仕事を しました。

② 専門の 勉強を しに 日本へ 来ました。私の 研究計画を 読んでください。

③ この 歌は 特別な 日に 歌います。

④ 池の 魚が こちらに 集まって 来ました。

⑤ 「その 白い 服を 取って ください。」と 女の人が 言いました。

⑥ あの方は お金持ちだそうです。いつも、とても 高い 時計を して います。

問題2　（　　）に 漢字、または 漢字と ひらがなを 書きなさい。

れい：　（　高い　）　⇔　低い
　　　　　たかい　　　（ひくい）

①　（　　　　）室　⇔　　和室　　　②　押します　⇔（　　　　　　　）
　　ようしつ　　　　　（　　）しつ　　　（　　　　　　　）　　ひきます

③（　　　　　　　）⇔　閉めます　　④　売ります　⇔（　　　　　　　）
　　あけます　　　　　（　　　　　）　（　　　　　　　）　　かいます

問題3　何画目に 書きますか。（　）の 中に 数字を 書きなさい。　れい：川（３）

①（　）歌　　　②　池（　）　　　③　引（　）

📖 **ふりかえり** Review

→ 漢字を 見たとき、部首が 何か わかる。　　　　はい　・　いいえ
　Understand the radical of *kanji* when you see them.

→ 10課で 勉強した 漢字を 読んだり、書いたり できる。　　はい　・　いいえ
　Read and write *kanji* you learned in lesson 10.

# まとめ問題・2

**問題1** 読<sup>よ</sup>みを ひらがなで 書<sup>か</sup>きなさい。

れい： この ペンは 百円でした。
　　　　　　　　ひゃくえん

1. いい 先生に 英語を 習いましたから、発音も よくなって、会話も 上手に なりました。

2. 男の人が 立って 新聞を 読んで います。女の人は となりで 音楽を 聞いています。

3. ドアが 閉まりますから、注意して ください。

4. この 映画は 長いです。3時間です。

5. この 日本の 歌は 有名ですね。歌いたいので、教えてくれませんか。

6. 食事を してから 研究レポートを 書きます。

7. 会社の 人は みんな 親切です。

8. この かさは 小さくて 軽くて 便利ですから、いつも 持っています。

9. 冬の 朝は 寒いし、暗いし、早く (early) 起きたくないです。

10. 中川さん、お元気ですか。私と 家内の 写真を 送ります。

11. 近くの (nearby) コインランドリー (a coin-operated laundry) で 洗濯を します。少し 不便です。
　　ちか

12. すみませんが、その 赤い 紙を 取って ください。

13. あそこで 男の人たちが お酒を 飲みながら、さくらの 花 (cherry blossom) を 見ています。

14. 田中さんの 代わりに 私が その 質問に 答えます。

15. この サッカーチームは 弱いですが、私は 好きです。


**問題2** ＿＿＿に 漢字<sup>かんじ</sup>、または 漢字<sup>かんじ</sup>と ひらがなを 書<sup>か</sup>きなさい。

れい： テーブルの ＿上＿ に ＿何＿ も ありません。
　　　　　　　　　うえ　　　なに

1. ＿＿＿＿の ＿＿の ＿＿に ＿校＿ が たくさん ＿＿＿＿＿＿ います。
　　だいがく　　もん　まえ　こうせい　　　　　　　あつまって

2. ＿＿＿＿の ＿＿＿＿は、どんな ＿＿を 着<sup>き</sup>て ＿＿＿＿＿＿か。
　　こんど　　りょこう　　　　　ふく　　　　　いきます

3 ＿＿＿＿＿さんは まだ ＿＿＿＿＿＿ね。あの ＿＿＿＿＿＿＿＿＿ は
　　やまだ　　　　　　　きません　　　　　　ふるいとけい

＿＿＿＿＿ですか。
ただしい

4 お＿＿を ＿＿＿＿＿＿＿＿＿、もう ＿＿＿＿＿ ＿＿＿＿＿＿＿＿＿。
　ちゃ　　のみながら　　　　　　　すこし　　まちましょう

5 ＿＿＿＿＿は ＿＿＿＿＿な ＿ですから、＿＿＿＿＿ ＿＿＿＿＿を
　きょう　　　とくべつ　ひ　　　　　　たかい　　ぎゅうにく

＿＿＿＿＿。
かいます

6 この かばんは ＿＿＿＿＿ですが、＿＿＿＿＿し、＿＿も ＿＿＿＿＿です。
　　　　　　やすい　　　　　　おもい　　　いろ　　わるい

7 ＿＿＿＿＿ですから、窓を ＿＿＿＿＿＿ ください。
　あつい　　　　　　　　　　あけて

8 あの ＿＿＿＿＿＿ は いつも となりに ＿＿＿＿＿＿、ペンや 消しゴムを
　　　ふたり　　　　　　　　　　すわって

＿＿＿＿＿＿、＿＿＿＿＿＿＿ して います。
かしたり　　　かりたり

9 ＿に ＿＿が います。＿＿＿＿＿＿ も います。近くに ＿が います。
いけ さかな　　　　　　しろい とり　　　　　　　いぬ

10 この ＿＿＿＿＿の 辞＿は どこで ＿＿＿＿＿＿ いますか。
　　　かんじ　　じしょ　　　　うって

11 その ドアは ＿＿＿＿＿＿、＿＿＿＿＿＿＿ ＿＿＿＿＿＿＿＿＿。
　　　　　おしても　　　　ひいても　　　あきません

12 ＿＿＿は ＿室より ＿室のほうが ＿＿＿です。
　わたしわ　しつ　　ようしつ　　　すき

13 ＿＿＿は 背が ＿＿＿＿＿、髪が ＿＿＿＿＿です。
　いもうと　　　ひくくて　　　みじかい

14 この クラスは ＿＿＿＿＿＿＿の ＿＿＿＿が ＿＿＿＿＿です。
　　　　　おなじ なまえ　　がくせい　　おおい

15 メロンを ＿＿＿＿＿に ＿＿＿＿＿ ください。
　　　　　はんぶん　　きって

**問題3** 何画目に 書きますか。 （ ）の 中に 数字を 書きなさい。　れい：何（7）

① ﾞ楽　② 発（　）　③ 寒 ﾞ　④ 度（　）　⑤ 集 ﾞ　⑥ 旅（　）

**問題4** □に どの 漢字が 入りますか。〔　〕から 一つ 選んで 書きなさい。

〔　大　語　会　時　画　社　〕　れい：日本　アメリカ　人

① 映 □ 計　② □ 長 会　③ □ 話 社　④ 日本 英 □　⑤ □ 代 間

**問題5** 音声を 聞いて、例のように、ひらがなで 書きましょう。
　　　　それから、漢字で 書きましょう。

れい：けさ、テレビで　ニュースを　みました。
　　（今朝）　　　　　　　　　　　（見ました）

① すみませんが、もう _____ _____ ください。
　　　　　　　　　　（　　　）（　　　　）

② これは江戸 _____ に _____ _____ です。
　　　　　　（　　　）（　　　　）手（　　　）

③ ドアを _____ ください。
　　　　　（　　　　　　）

④ _____ の _____ に _____ の _____ に
　（　　　）　（　　　　）　（　　　）　（　　　）

_____ 。
（　　　　　　　）

147

5 この_____の_____は「くるま」で、_____は「シャ」です。
　　（　　　　）訓（　　　　）　　　　　　　　（　　　　　）

## 問題6　どちらが　正しいですか。

れい：スミスさんは 日本人ですか。 ……………… 1.（にほんじん）　　2. にほんひと

　　　コーヒーを のみました。 ……………… 1. 飯みました　　2.（飲みました）

1 少々 おまちください。 …………………… 1. しょうしょう　　2. しょしょ

2 不安な きもちになります。 …………… 1. ふあん　　　　　2. ふまん

3 きのう 友人に あいました。 …………… 1. ともだち　　　　2. ゆうじん

4 氏名を かいてください。 ………………… 1. しめい　　　　　2. なまえ

5 バナナを 一本 たべました。 …………… 1. いちほん　　　　2. いっぽん

6 がいしょくが おおいです。 …………… 1. 夕食　　　　　　2. 外食

7 たいりょうに たべものを かいました。 …… 1. 多量　　　　　　2. 大量

8 らいしゅう はっぴょうが あります。 …… 1. 発表　　　　　　2. 発音

9 おおきい なみですね。 ………………… 1. 池　　　　　　　2. 波

10 わたしは それについて ぎもんがあります。
　……………………………………………… 1. 質問　　　　　　2. 疑問

# 私の 町 My Town

この課で学ぶこと▶ 町や建物を表す漢字について考えましょう。

① 駅の前に銀行や病院や
いろいろな店があります。
遠くに大きい建物が
見えますね。あれは
工場です。

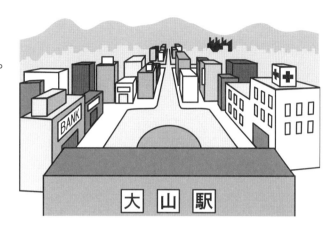

② 私の学校です。ここは私の
教室です。食堂はあそこで、
図書館はそのとなりです。

③ 私の家は古いですが、駅から
近いし部屋も広いです。
遊びに来てください。
これが地図です。

201  14画 〔馬〕 丨 丆 厂 斤 斤 斤 馬 馬 馬 馬 馬 馬゛馬゛駅゛駅

station｜站｜역말 역｜DỊCH, ga, nhà ga

**エキ**
駅 a station｜车站｜역｜ga, nhà ga
駅員 a station employee｜车站工作人员, 站务员｜역원｜nhân viên nhà ga

駅 駅 駅

202 銀 14画 〔金〕 ノ 入 𠆢 𠆢 스 全 全 金 金 釘゛釘゛釘゛鉬゛銀 銀

silver｜银｜은 은｜NGÂN, bạc

**ギン**
銀行 a bank｜银行｜은행｜ngân hàng

銀 銀 銀

203 病 10画 〔疒〕 丶 亠 广 广 疒 疒 疒 病 病 病

illness｜病｜병 병｜BỆNH, đau yếu

**ビョウ**
病気の sick, ill｜病(的)｜병 (의)｜bệnh, ốm
病院 a hospital｜医院｜병원｜bệnh viện

病 病 病

204 院 10画 〔阝〕 フ 丬 阝 阝' 阝' 阡 阡 阣 阣 院

hall, institute｜院｜당 원｜VIỆN, tòa nhà, viện

**イン**
病院 a hospital｜医院｜병원｜bệnh viện
大学院 a graduate school｜研究生院｜대학원｜cao học
入院する to be hospitalized｜住院｜입원하다｜nhập viện
退院する to be discharged from a hospital, to leave a hospital｜出院｜퇴원하다｜ra viện

院 院 院

205

# 店

8画 〔广〕 ` 一 广 广 庐 店 店 店

shop｜店｜전방 점｜ĐIẾM, cửa hàng

テン

店員 a store clerk｜店员, 售货员｜점원｜nhân viên bán hàng

喫茶店 a coffee shop, a tea house｜茶馆, 咖啡馆｜찻 집｜quán cà phê

みせ

店 a shop, a store｜店｜가게｜tiệm, cửa hàng

| 店 | 店 | 店 | | | | | | | | | | | |
|---|---|---|---|---|---|---|---|---|---|---|---|---|---|

## よみましょう 読みを ひらがなで 書きなさい。

① 友達が 入院して いますから、病院に 会いに 行きます。

② 病気は 軽い (slight) ですから、安心して ください。

③ あの 店の 店員は いつも 明るくて 元気です。

④ 妹は 大学院の 学生です。

⑤ 銀行は 駅の 前に あります。

## かきましょう ___に 漢字、または 漢字と ひらがなを 書きなさい。

① 「_____さんに なりたい」と _____の _____が _____。
　　えきいん　　　　　　　　　　おとこ　　こ　　　　　いい ました

② _____は _____で _____います。
　おとうと　　　びょういん　　　はたらいて

③ _____は _____から _____まで _____います。
　ぎんこう　　　　くじ　　　　さんじ　　　　あいて

④ _____、_____で _____を _____。
　せんしゅう　　びょうき　　　かいしゃ　　　やすみました

⑤ _____の _____に _____ _____が できました。
　えき　　まえ　　　あたらしい　　　みせ

206

# 遠

13画 〔⻌〕 一 十 土 牛 吉 吉 声 声 草 袁 袁 遠 遠

distant｜远｜멀 원｜VIỄN, xa

**エン** 遠足 えんそく a school excursion｜远足, 郊游｜소풍｜đi chơi xa, đi picnic

**とお-い** 遠い とお far｜远(的)｜멀다｜xa　　　　　　遠くの とお far-off｜远方(的), 远处(的)｜멀리｜nơi xa

| 遠 | 遠 | 遠 | | | | | | | | | | |
|---|---|---|---|---|---|---|---|---|---|---|---|---|

207

# 建

9画 〔廴〕 フ ⱏ ヨ ヨ ⺳ 聿 律 建 建

build｜建｜세울 건｜KIẾN, xây dựng

**た-てる** 建てる た to build｜建造, 建立｜짓다｜xây, xây dựng　　　二階建て にかいだ two-storied (house)｜两层楼(的)｜2층 건물｜(nhà) hai tầng

建物 たてもの a building｜建筑物, 房屋｜건물｜tòa nhà

※「建物」は、送りがなの「て」を書かないことが多いです。

| 建 | 建 | 建 | | | | | | | | | | |
|---|---|---|---|---|---|---|---|---|---|---|---|---|

208

# 物

8画 〔牛〕 ノ ⺊ ⺧ 牛 牛 牜 牤 物 物

thing｜物｜만물 물｜VẬT, đồ vật

**ブツ** 動物 どうぶつ an animal｜动物｜동물｜động vật

**モツ** 荷物 にもつ baggage, luggage, a load｜货物, 行李｜짐｜hành lý

**もの** 物 もの a thing｜物, 东西｜물건｜đồ vật, món hàng　　　買い物 かもの shopping｜购物｜쇼핑｜mua đồ, mua sắm

食べ物 たべもの food｜食物｜먹을 것｜đồ ăn　　　飲み物 のみもの a beverage｜饮料｜마실 것｜đồ uống

| 物 | 物 | 物 | | | | | | | | | | |
|---|---|---|---|---|---|---|---|---|---|---|---|---|

209

# 工

3画 〔工〕 一 丁 工

manufacture｜工｜장인 공｜CÔNG, công nghiệp

**コウ** 工場 こうじょう a factory｜工厂｜공장｜công trường, nhà xưởng

工業 こうぎょう industry, manufacturing industry｜工业｜공업｜công nghiệp

| 工 | 工 | 工 | | | | | | | | | | |
|---|---|---|---|---|---|---|---|---|---|---|---|---|

10 場 | 12画 〔土〕 一 十 土 圵 圹 坭 坭 坭 坭 場 場 場

place | 场 | 마당 장 | TRƯỜNG, chỗ, địa điểm

ジョウ
ば

工場 a factory | 工厂 | 공장 | công trường, nhà xưởng
場所 a place | 场所, 地方 | 장소 | nơi, chỗ

駐車場 a parking lot | 停车场 | 주차장 | bãi đậu xe ô tô
場合 a case, an occasion | 场合, 情况 | 경우 | trường hợp

場 場 場

**よみましょう** 読みを ひらがなで 書きなさい。

① あの 白い 建物は 病院です。

② 私の 家は 駅から 遠いですから、不便です。

③ 主人は 動物が 大好きです。

④ 小学生たちが 先生と 一緒に 遠足に 行きます。

⑤ 多くの 人々が 工場で 働いて います。

**かきましょう** ___に 漢字、または 漢字と ひらがなを 書きなさい。

① _____、ここに _____を _____。
   らいねん　　　　　こうじょう　　　　たてます

② 荷_____を _____ _____か。
   もつ　　　はんぶん　　　もちましょう

③ テーブルの _____に _____や _____が あります。
   うえ　　　たべもの　　　のみもの

④ _____に _____ _____が _____。
   とおく　　　たかい　やま　　　みえます

⑤ ここは 動_____の _____です。
   ぶつ　　　びょういん

211 校 **10画** 〔木〕 一 十 才 木 村 村 村 村 校 校
school｜校｜학교 교｜HIỆU, trường học

コウ
がっこう
学校 a school｜学校｜학교｜trường học

こうちょう
校長 a principal｜校长｜교장｜hiệu trưởng

しょうがっこう
小学校 an elementary (a primary) school｜小学｜초등학교｜trường tiểu học

ちゅうがっこう
中学校 a junior high school｜初中｜중학교｜trường cấp hai

校 校 校 | | | | | | | | | | |

212 室 **9画** 〔宀〕 ' ' 宀 宀 宀 宏 宏 宰 室
room｜室｜집 실｜THẤT, phòng

シツ
きょうしつ
教室 a classroom｜教室｜교실｜lớp học

けんきゅうしつ
研究室 a laboratory, an (professor's) office｜研究室｜연구실｜phòng nghiên cứu

かいぎしつ
会議室 a conference (meeting) room｜会议室｜회의실｜phòng hội nghị, phòng họp

室 室 室 | | | | | | | | | | |

213 堂 **11画** 〔土〕 ' ' ' ' ' 尚 尚 堂 堂 堂 堂
hall｜堂｜집 당｜ĐƯỜNG, tòa nhà

ドウ
しょくどう
食堂 a dining hall, a restaurant｜食堂｜식당｜phòng ăn, nhà ăn

こうどう
講堂 a lecture hall, an auditorium｜礼堂, 大厅｜강당｜giảng đường

堂 堂 堂 | | | | | | | | | | |

214 図 **7画** 〔囗〕 丨 冂 冂 図 図 図 図
drawing, book｜图｜그림 도｜ĐỒ, bức vẽ, bản đồ

ズ
ト
ちず
地図 a map｜地图｜지도｜bản đồ

としょかん
図書館 a library｜图书馆｜도서관｜thư viện

図 図 図 | | | | | | | | | | |

15

# 館

**16画** 〔食〕 ノ ∧ ∧ 今 今 今 食 食 食' 食' 飠 飠 飠 飠 館 館

mansion,building,hall｜馆｜묵을 관｜QUÁN, tòa nhà, nhà trọ

**カン**

図書館 a library｜图书馆｜도서관｜thư viện

大使館 an embassy｜大使馆｜대사관｜đại sứ quán

美術館 an art museum｜美术馆｜미술관｜bảo tàng mỹ thuật

映画館 a movie theater｜电影院｜영화관｜rạp chiếu phim

| 館 | 館 | 館 | | | | | | | | | | |
|---|---|---|---|---|---|---|---|---|---|---|---|---|

**よみましょう** 読みを ひらがなで 書きなさい。

① 父は 中学校の 校長です。

② 会社の 食堂で 食事します。

③ 駅から 家までの 地図を かいて ください。

④ 図書館で 食べたり 飲んだり しては いけません。

⑤ この 教室は 古くて 少し 暗いです。

**かきましょう** ＿＿に 漢字、または 漢字と ひらがなを 書きなさい。

① ＿＿＿＿＿＿ ＿＿＿＿＿＿で ＿＿＿＿＿ ＿＿＿＿＿しました。
　　にほんご　　がっこう　　　いちねん　　べんきょう

② ＿＿＿＿＿の ＿＿＿＿＿＿＿は どこですか。
　　せんせい　　けんきゅうしつ

③ ＿＿＿＿＿へ ＿＿ご飯を ＿＿＿＿＿に ＿＿＿＿＿＿。
　　しょくどう　　ひる　　　　　た べ　　　　いきます

④ ＿＿＿＿＿＿で ＿＿を ＿＿＿＿＿＿。
　　としょかん　　ほん　　かります

⑤ あの ＿＿＿＿＿＿ 美術＿＿＿＿ の ＿＿＿＿＿＿ は おもしろいです。
　　　あたらしい　　　　かん　　　　たてもの

### 216 近

7画 〔辶〕

一 ノ 厂 F 斤 𠂇 近 近

near｜近｜가까울 근｜CẬN, gần

キン

近所 the neighborhood｜附近, 邻居｜근처｜
hàng xóm, gần nhà

ちか-い

近い near｜近(的)｜가깝다｜gần

最近 recently｜最近｜최근｜thời gian gần đây

近くの nearby｜附近(的), 近处(的)｜가까운 곳의, 근처의｜
gần, ở gần

 近 近 近

### 217 部

11画 〔阝〕

丶 一 十 文 立 产 音 音 音 音 部 部

section｜部｜거느릴 부｜BỘ, bộ phận

ブ

学部 a faculty, a department｜院, 系｜학부｜Khoa

部長 a section chief, a department head｜部长｜부장｜
trưởng ban, trưởng phòng

全部の all, whole｜全部(的)｜전부의｜toàn bộ

○○ 部屋 a room｜房间, 屋子｜방｜căn phòng

 部 部 部

### 218 屋

9画 〔尸〕

一 コ 尸 尸 尸 居 居 屋 屋

house｜屋｜집 옥｜ỐC, căn nhà

オク

屋上 the rooftop｜屋顶｜옥상｜sàn thượng, mái nhà

や

部屋 a room｜房间, 屋子｜방｜căn phòng

本屋 a bookstore｜书店｜서점｜nhà sách

八百屋 a fruit and vegetable shop｜蔬菜店｜채소 가게｜cửa hàng rau quả

花屋 a florist｜花商, 花店｜꽃 집｜cửa hàng hoa

床屋 a barbarshop｜理发店｜이발소｜tiệm cắt tóc

 屋 屋 屋

### 219 広

5画 〔广〕

丶 一 广 広 広

wide｜广｜넓을 광｜QUẢNG, rộng

ひろ-い

広い wide｜广阔(的), 宽阔(的)｜넓다｜rộng

広 広 広

20

# 地

**6画** 〔土〕 一 十 土 均 地 地

ground,land｜地｜땅 지｜ĐỊA, địa cầu, khu vực, đất liền

チ
ジ

地図 a map｜地图｜지도｜bản đồ

地震 an earthquake｜地震｜지진｜động đất

地下鉄 a subway｜地铁｜지하철｜tàu điện ngầm

| 地 | 地 | 地 | | | | | | | | | | | |
|---|---|---|---|---|---|---|---|---|---|---|---|---|---|

**よみましょう** 読みを ひらがなで 書きなさい。

① この 建物の 屋上から 富士山 (Mt. Fuji) が 見えます。

② 最近、私は あまり 映画館へ 行きません。

③ 部長は 地下鉄で 会社へ 来ます。

④ 新しくて 広い 部屋は 気持ちが いいです。

⑤ 八百屋は 本屋と 花屋の 間に あります。

**かきましょう** ＿＿に 漢字、または 漢字と ひらがなを 書きなさい。

① この ＿＿＿＿＿＿は ＿＿＿＿＿＿ ＿＿＿＿＿＿＿＿です。
　　　　　　へ　や　　　　　　ひ　ろ　く　て　　　　　あ　か　る　い

② ＿＿＿＿＿＿を ＿＿＿＿＿＿＿＿が、道が わかりません。
　　ち　ず　　　　　　み　ま　し　た

③ ＿＿＿＿＿は ＿＿＿震が ＿＿＿＿＿です。
　　に　ほ　ん　　　　　じ　　　　お　お　い

④ ＿＿＿＿＿と ＿＿＿＿＿を ＿＿＿＿＿＿＿ください。
　　が　く　ぶ　　　　　な　ま　え　　　　　か　い　て

⑤ ＿＿＿の ＿＿＿＿＿に ＿＿＿＿＿＿や ＿＿＿＿＿が あります。
　　い　え　　　ち　か　く　　　　　ほ　ん　や　　　　　は　な　や

問題1　　読みを ひらがなで 書きなさい。

① 学校の 図書館や 教室や 食堂で 毎日 勉強します。

② 駅の 近くに 銀行や いろいろな 店が あります。パン (bekery) 屋は 本屋の となりです。

③ 私の アパートは ここです。建物は 少し 古いですが、部屋は 広いです。

④ 先週、牛 乳 工場を 見に 行きました。おもしろかったです。

⑤ 「大使館へ 行きたいんですが……。」「地下鉄が 便利ですよ。」

問題2　　＿＿に 漢字、または 漢字と ひらがなを 書きなさい。

① ＿＿＿＿＿＿に ＿＿＿＿＿、＿＿＿で ＿＿＿＿＿へ ＿＿＿＿＿＿。
　　　いっしゅうかん　　いちど　　くるま　　びょういん　　いきます

② ＿＿＿＿＿な ＿＿＿＿＿が、＿＿＿＿＿を かいて 道を ＿＿＿＿＿＿くれました。
　　　しんせつ　　えきいん　　　ちず　　　　　　おしえて

③ 「この 荷＿＿＿は ＿＿＿＿＿ですね。＿＿＿は ＿＿＿ですか。」
　　　　　　もつ　　おもい　　　なか　なん

　　「＿＿や ＿＿や ＿＿＿＿＿です。」
　　　ほん　ふく　たべもの

④ ＿＿＿所の ＿＿＿＿＿ ＿＿＿＿＿は ＿＿＿＿＿ ＿＿＿＿＿がいいです。
　　きん　　あたらしい　えいがかん　　ひろくて　きもち

⑤ ＿＿＿＿＿ですが、＿＿＿＿＿ですから、あの ＿＿＿で ＿＿＿＿＿します。
　　とおい　　　　　やすい　　　　　　みせ　かいもの

問題3　　何画目に 書きますか。( )の 中に 数字を 書きなさい。　れい：川 ( ３ )

①　( )図　　②　部 ( )　　③　( )病

📖 **ふりかえり** Review

➡ 「駅、病院、図書館」など町にある建物の名前を見たとき、意味がわかる。　　はい　・　いいえ
Understand the meaning of building names around the town, such as stations, hospitals, and libraries.

➡ 11課で勉強した漢字を読んだり、書いたりできる。　　はい　・　いいえ
Read and write *kanji* you learned in lesson 11.

# 12課 世界と日本 World and Japan

この課で学ぶこと 》地図や住所に使われている漢字について考えましょう。

① 世界 地図

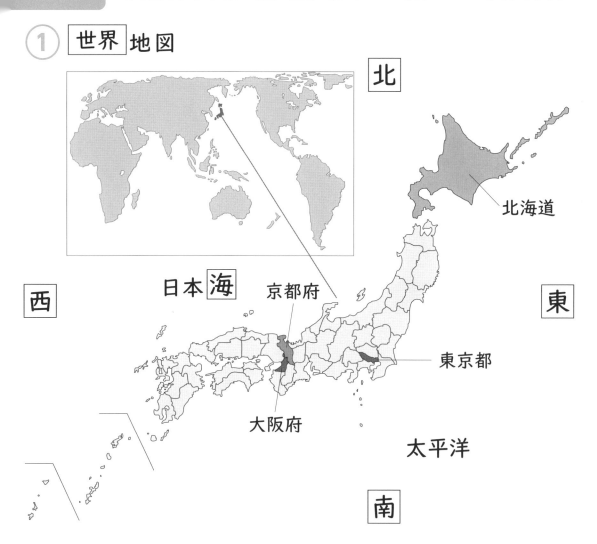

北

北海道

日本 海   京都府

西          東京都

東

大阪府

太平洋

南

② 住所 を書いてみましょう。

例) 千葉 県 千葉 市 稲毛 区 弥生 町

東京 都 千代田 区 大手 町

221 **東** 8画 〔木〕 一 厂 币 币 亘 車 東 東
east｜东｜동녘 동｜ĐÔNG, phía Đông

トウ 　東京 Tokyo｜东京｜도쿄｜Tokyo
ひがし 　東 the east｜东｜동｜Đông, phía Đông

222 **西** 6画 〔西〕 一 厂 冂 丙 西 西
west｜西｜서녘 서｜TÂY, phía Tây

セイ 　西洋の Western｜西洋(的), 西方(的)｜서양의｜Châu Âu, phương Tây
にし 　西 the west｜西｜서｜Tây, phía Tây

223 **南** 9画 〔十〕 一 十 十 市 市 内 南 南 南
south｜南｜남녘 남｜NAM, phía Nam

ナン 　東南アジア Southeast Asia｜东南亚｜동남아시아｜Đông Nam Á
みなみ 　南 the south｜南｜남｜Nam, phía Nam

224 **北** 5画 〔匕〕 一 ナ 寸 寸 北
north｜北｜북녘 북｜BẮC, phía Bắc

ホク 　東北 the Tohoku district｜东北｜동북｜vùng Tohoku (tên một khu vực phía Đông Bắc nước Nhật)　北海道 Hokkaido｜北海道｜홋카이도｜tỉnh Hokkaido
きた 　北 the north｜北｜북｜Bắc, phía Bắc

25 京 **8画** 〔亠〕 ` 一 十 古 古 京 京 京

capital｜京｜서울 경｜KINH, thủ đô

キョウ 　東京 Tokyo｜东京｜도쿄｜Tokyo 　　　京都 Kyoto｜京都｜교토｜cố đô Kyoto

| 京 | 京 | 京 |  |  |  |  |  |  |  |  |  |  |  |  |
|---|---|---|---|---|---|---|---|---|---|---|---|---|---|---|

😮 **よみましょう** 　読みを ひらがなで 書きなさい。

① 日本の 東と 西では 言葉も 文化も 違います。

② 近所の 人に 北海道の お土産を もらいました。

③ 東南アジアから 留学生が 来ました。

④ これは 京都の 古い 神社の 写真です。

⑤ 日本の 北から 南まで 旅行したいです。

✏️ **かきましょう** 　___に 漢字、または 漢字と ひらがなを 書きなさい。

① _____ _____の _____で _____議が あります。
　　　あ し た　 と う き ょ う　　 だ い が く　　 か い

② _____の _____は _____の _____に あります。
　　わ た し　　 が っ こ う　　 え き　　 に し

③ _____さんの _____は _____都の _____に あります。
　　も り　　　　 か い し ゃ　　 き ょ う　 み な み

④ イギリスは _____海道より _____に あります。
　　　　　　　 ほ っ　　　　　 き た

⑤ _____に 窓が ありますから、この _____は _____です。
　　ひ が し　　　　　　　　　　　　　 へ や　　　 あ か る い

226 **世** **5画** 〔一〕 一 十 卅 卅 世
world, age｜世｜세상 세｜THẾ, thế giới, thời

セ 世界 the world｜世界｜세계｜thế giới

| 世 | 世 | 世 | | | | | | | | | | | | |
|---|---|---|---|---|---|---|---|---|---|---|---|---|---|---|

227 **界** **9画** 〔田〕 丨 冂 冂 冂 田 田 罗 界 界
world, boundary｜界｜지경 계｜GIỚI, thế giới, ranh giới

カイ 世界 the world｜世界｜세계｜thế giới

| 界 | 界 | 界 | | | | | | | | | | | | |
|---|---|---|---|---|---|---|---|---|---|---|---|---|---|---|

228 **外** **5画** 〔夕〕 ノ ク タ 列 外
outside｜外｜외국 외｜NGOẠI, bên ngoài

ガイ 外国の foreign｜外国｜외국｜ngoại quốc, nước ngoài　　　外国人 a foreigner｜外国人｜외국인｜người nước ngoài
外国語 a foreign language｜外语｜외국어｜tiếng nước ngoài

そと 外 outside｜外面｜밖｜bên ngoài

| 外 | 外 | 外 | | | | | | | | | | | | |
|---|---|---|---|---|---|---|---|---|---|---|---|---|---|---|

229 **国** **8画** 〔囗〕 丨 冂 冂 冂 囯 国 国 国
country｜国｜나라 국｜QUỐC, quốc gia

コク 外国の foreign｜外国｜외국｜ngoại quốc, nước ngoài　　　外国人 a foreigner｜外国人｜외국인｜người nước ngoài
外国語 a foreign language｜外语｜외국어｜tiếng nước ngoài
国際 international｜国际｜국제｜quốc tế

くに 国 country｜国家｜나라｜quốc gia, nước

| 国 | 国 | 国 | | | | | | | | | | | | |
|---|---|---|---|---|---|---|---|---|---|---|---|---|---|---|

30 | 海 | **9画**〔氵〕 丶 丶 氵 氵 汇 浐 海 海 海
sea｜海｜바다 해｜HẢI, biển

**カイ** | 海岸 the seashore｜海岸｜해안｜bờ biển | 海外の overseas｜海外(的)｜해외의｜hải ngoại
**うみ** | 海 the sea, the ocean｜海｜바다｜biển

| 海 | 海 | 海 | | | | | | | | | | | |
|---|---|---|---|---|---|---|---|---|---|---|---|---|---|

**よみましょう** 読みを ひらがなで 書きなさい。

① 世界中の 国の 人々が 集まりました。

② 外で 待っていて ください。

③ 子どもは 外国語を すぐ 覚えます。

④ 両親は 海の 近くに 住んで います。

⑤ 国際センターで 日本語を 習いました。

**かきましょう** ＿に 漢字、または 漢字と ひらがなを 書きなさい。

① ＿＿＿＿＿＿に ＿＿や ＿＿へ ＿＿＿＿＿＿＿。
　　なつやすみ　　うみ　　やま　　　いきます

② ＿＿＿＿＿には ＿＿＿＿＿ぐらい ＿＿＿が あります。
　　せかい　　　にひゃく　　　　くに

③ どうやって ＿＿＿＿＿へ お＿＿＿を ＿＿＿＿＿＿＿か。
　　　　　かいがい　　　かね　　　おくります

④ 京都で＿＿＿際＿＿＿議が あります。
　きょうと　こく　　かい

⑤ ＿＿＿は ＿＿＿ですから、＿＿＿の ＿＿＿で 遊びましょう。
　そと　　あめ　　　　いえ　　なか

231 **都** 11画 〔阝〕 一 十 土 耂 耂 者 者 者 者 都 都

capital｜都｜도읍 도｜ĐÔ, thủ đô

ト
京都 Kyoto｜京都｜쿄토｜cố đô Kyoto
東京都 the Metoropolis of Tokyo｜东京都｜도쿄도｜thủ đô Tokyo

ツ
都合 convenience, circumstances｜情況, 方便(与否)｜형편, 사정｜thuận tiện, thu xếp

都 都 都

232 **道** 12画 〔辶〕 丶 丷 丷 丷 产 首 首 首 首 道 道

way｜道｜길 도｜ĐẠO, đường

ドウ
水道 a water supply｜自来水, 航道｜수도｜đường nước, nước máy
道具 a tool, an instrument｜工具, 道具｜도구｜dụng cụ
北海道 Hokkaido｜北海道｜홋카이도｜tỉnh Hokkaido của Nhật
柔道 judo｜柔道｜유도｜võ Judo (Nhu Đạo)

みち
道 a way, a road｜道路｜길｜đường

道 道 道

233 **府** 8画 〔广〕 丶 亠 广 广 广 府 府 府

administration, prefecture｜府｜마을 부｜PHỦ, chính phủ, công sở

フ
大阪府 Osaka Prefecture｜大阪府｜오사카부｜thủ phủ Osaka của Nhật
京都府 Kyoto Prefecture｜京都府｜쿄토부｜thủ phủ Kyoto của Nhật

府 府 府

234 **県** 9画 〔目〕 丨 冂 冃 冃 目 亘 畀 県 県

prefecture｜县｜고을 현｜HUYỆN, tỉnh thành

ケン
～県 ～ Prefecture｜～县 (相当于中国的 "省")｜～현｜tỉnh thành ～

県 県 県

35

区 **4画** 〔囗〕 一 フ ヌ 区

district, ward｜区｜구역 구｜KHU, quận

ク　〜区 ～ku ( ～ Ward)｜～区｜～구 quận ～ , khu ～

| 区 | 区 | 区 | | | | | | | | | | | | |
|---|---|---|---|---|---|---|---|---|---|---|---|---|---|---|

😮 **よみましょう** 読みを ひらがなで 書きなさい。

① 東京都 北区に 工場が あります。

② 日本には 北海道と 東京都、大阪府と 京都府、そして 県が 43 あります。

③ 今、東北は 寒いです。

④ 新しい 道が できましたから、便利に なりました。

⑤ 今週は 都合が 悪いですから、来週に しましょう。

✏️ **かきましょう** ＿＿に 漢字、または 漢字と ひらがなを 書きなさい。

① ＿＿＿＿＿で ＿＿＿＿＿＿(water charges)を はらいます。
　　ぎ ん こ う　　　す い ど う だい

② ＿＿＿＿＿で ＿＿＿＿＿の ＿＿＿＿を ＿＿＿＿＿＿。
　　ほ ん や　　　きょう と ふ　　　ち ず　　　か い ま し た

③ ＿＿＿＿＿＿には ＿＿＿＿が 23 あります。
　　と う きょう と　　　く

④ ＿＿＿＿は 柔＿＿＿を ＿＿＿＿＿ います。
　　おとうと　　ど う　　　な ら っ て

⑤ ＿＿＿＿＿で いちばん ＿＿＿＿＿＿ ＿＿＿＿は どこですか。
　　に ほ ん　　　　　お お き い　　　けん

236

**市** 5画 〔巾〕 一 一 亠 市 市

city｜市｜저자 시｜THỊ, thành phố

シ ～市 ～shi (～ City)｜～市｜～시｜thành phố ～

市民 a resident (of a city), a citizen｜市民｜시민｜thị dân, công dân của thành phố

| 市 | 市 | 市 | | | | | | | | | | | | |
|---|---|---|---|---|---|---|---|---|---|---|---|---|---|---|

237

**町** 7画 〔田〕 ｜ 冂 冂 冊 田 町 町

town｜町｜밭두둑 정｜ĐINH, thị xã, thị trấn

チョウ ～町 ～cho｜～町（相当于中国的"巷""胡同"）｜～쵸｜đường ～, phố ～

まち 町 a town｜城镇｜도회, 읍내｜thị xã, thị trấn

| 町 | 町 | 町 | | | | | | | | | | | | |
|---|---|---|---|---|---|---|---|---|---|---|---|---|---|---|

238

**村** 7画 〔木〕 一 十 オ 木 村 村 村

village｜村｜마을 촌｜THÔN, làng, xã

むら 村 a village｜村｜마을｜làng, xã

| 村 | 村 | 村 | | | | | | | | | | | | |
|---|---|---|---|---|---|---|---|---|---|---|---|---|---|---|

239

**住** 7画 〔亻〕 ノ 亻 亻 仁 件 住 住

live｜住｜살 주｜TRÚ, ở, sống

ジュウ 住所 an address｜住所｜주소｜địa chỉ

す-む 住む to live｜住｜살다｜sinh sống

| 住 | 住 | 住 | | | | | | | | | | | | |
|---|---|---|---|---|---|---|---|---|---|---|---|---|---|---|

**所** 8画〔戸〕 一 ㇋ ㇋ 戸 戸 所 所 所

place｜所｜곳소｜SỞ, nơi, chỗ

**ショ**
住所 an address｜住所｜주소｜địa chỉ
近所 the neighborhood｜附近, 邻居｜근처｜hàng xóm

**ところ**
所 a place｜地方, 地区｜곳｜nơi, chỗ

場所 a place｜场所, 地方｜장소｜nơi, chốn
事務所 an office｜事务所, 办事处｜사무소｜văn phòng
台所 a kitchen｜厨房｜부엌｜bếp, nhà bếp

所 所 所

## よみましょう 読みを ひらがなで 書きなさい。

① うちの 台所は とても 便利です。

② 兄は 京都府 京都市 南区に 住んで います。

③ 近所に 引っ越して 来ました。よろしく お願いします。

④ 二つの 村が 一つに なって、新しい 町が できました。

⑤ これが 新しい 住所です。

## かきましょう ___に 漢字、または 漢字と ひらがなを 書きなさい。

① この _____に _____を _____ ください。
　　　　かみ　　じゅうしょ　　　　かいて

② この_____は みかんが _____ です。
　　　　まち　　　　　　ゆうめい

③ _____に _____ 台_____が あります。
　　　へや　　　ちいさい　　どころ

④ _____は 大阪_____ 大阪_____に _____ います。
　あね　　　　ふ　　　　し　　　すんで

⑤ _____に _____どもの 遊ぶ _____が ありません。
　きんじょ　　こ　　　　　　ばしょ

問題1　読みを ひらがなで 書きなさい。

① 午後は 都合が 悪いですから、午前中に 来て ください。

② 私は 海の 近くの 町で 生まれました。

③ 新しい 住所を 言います。京都府 京都市 北区……。

④ 川の 西と 東に 町が あります。

⑤ ここの 水は 飲めません。台所の 水道を 使って ください。

問題2　＿＿に 漢字、または 漢字と ひらがなを 書きなさい。

① ＿＿＿＿＿＿には ＿＿＿や ＿＿＿が いくつ ありますか。
　　とうきょうと　　　　く　　　し

② ＿＿＿＿＿で いちばん ＿＿＿＿＿＿ ＿＿＿は どこですか。
　　にほん　　　　　　ちいさい　けん

③ ＿＿＿は ＿＿＿＿＿＿、＿＿＿は ＿＿＿の ほうに ＿＿＿＿＿＿＿です。
　　なつ　ほっかいどう　ふゆ　みなみ　　　　すみたい

④ インターネットで いろいろな ＿＿＿＿＿＿が ＿＿＿＿＿ できます。
　　　　　　　　　　　がいこくご　べんきょう

⑤ お＿＿＿と ＿＿＿＿が あったら、＿＿＿＿＿＿を ＿＿＿＿＿したいです。
　　かね　　じかん　　　　せかいじゅう　りょこう

問題3　何画目に 書きますか。（ ）の 中に 数字を 書きなさい。　れい：川（３）

①（　）北　②世（　）　③（　）区

📖 ふりかえり Review

➡ 自分に 関係のある 住所を 読んだり、書いたりできる。　　はい　・　いいえ
Read and write addresses that relate to you.

➡ 12課で 勉強した 漢字を 読んだり、書いたりできる。　　はい　・　いいえ
Read and write *kanji* you learned in lesson 12.

# 体と 健康 Body and Health

この課で学ぶこと▶ 体や健康を表す漢字について考えましょう。

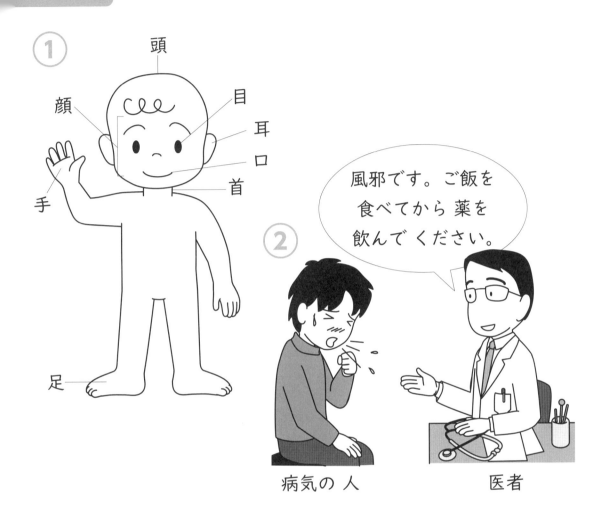

① 頭
顔 目
耳
口
首
手
足

②

風邪です。ご飯を
食べてから 薬を
飲んで ください。

病気の 人　　　　医者

※ **四則の計算** Four rules calculation

日本語で何と言いますか。

▶ **足し算** addition

| 1 | + | 1 | = | 2 |
|---|---|---|---|---|
| いち | 足す | いち | は | に |

▶ **かけ算** multiplication

| 1 | × | 1 | = | 1 |
|---|---|---|---|---|
| いち | かける | いち | は | いち |

▶ **引き算** subtraction

| 2 | − | 1 | = | 1 |
|---|---|---|---|---|
| に | 引く | いち | は | いち |

▶ **割り算** division

| 1 | ÷ | 1 | = | 1 |
|---|---|---|---|---|
| いち | 割る | いち | は | いち |

**241** 体 **7画** 〔亻〕 ノ イ 仁 什 休 休 体
body｜体｜몸 체｜THỂ, cơ thể, thân thể

からだ 体 the body｜身体｜몸｜cơ thể, thân thể

| 体 | 体 | 体 | | | | | | | | | | | |
|---|---|---|---|---|---|---|---|---|---|---|---|---|---|

**242** 頭 **16画** 〔頁〕 一 厂 厂 币 戸 豆 豆 豆 豆 豇 頭 頭 頭 頭 頭 頭
head｜头｜머리 두｜ĐẦU, đầu

あたま 頭 a head｜头｜머리｜đáu

| 頭 | 頭 | 頭 | | | | | | | | | | | |
|---|---|---|---|---|---|---|---|---|---|---|---|---|---|

**243** 首 **9画** 〔首〕 丶 丷 丫 ᠵ 产 首 首 首 首
neck｜首｜머리 수｜THỦ, cổ

くび 首 a neck｜颈, 脖子｜목, 모가지｜cổ

| 首 | 首 | 首 | | | | | | | | | | | |
|---|---|---|---|---|---|---|---|---|---|---|---|---|---|

**244** 手 **4画** 〔手〕 一 二 三 手
hand, person｜手｜손 수｜THỦ, tay, người

シュ 運転手 a driver｜司机｜운전수｜tài xế

て 手 a hand｜手｜손｜tay 　　　手紙 a letter｜书信｜편지｜thư

切手 a stamp｜邮票｜우표｜tem thư

 上手な skillful｜拿手(的), 高明(的)｜능숙한｜giỏi, khéo

下手な unskillful｜笨拙(的), 不高明(的)｜서투른｜kém, dở

| 手 | 手 | 手 | | | | | | | | | | | |
|---|---|---|---|---|---|---|---|---|---|---|---|---|---|

45 | 足 | 7画 | 丶 丁 口 甲 甲 足 足
〔足〕
foot, suffice｜足｜발 족｜TÚC, chân, đủ

**あし** 　　足 a foot, a leg｜腿, 脚｜발, 다리｜chân

**た-りる** 　足りる to be sufficient｜足, 够｜충분하다｜đủ, đầy đủ

**た-す** 　　足す to add｜加｜더하다｜cộng, thêm vào

| 足 | 足 | 足 | | | | | | | | | | | | |
|---|---|---|---|---|---|---|---|---|---|---|---|---|---|---|

**よみましょう** 　読みを ひらがなで 書きなさい。

① 百円 足りません。貸して くれませんか。

② タクシーの 運転手に 道を 説明しました。

③ 妹は 字が 下手でしたが、だんだん 上手に なりました。

④ 猫を 捜して います。体は 茶色で、首に 黄色い リボンを して います。

⑤ 兄は あまり 勉強しませんが、頭が いいです。

**かきましょう** 　＿＿に 漢字、または 漢字と ひらがなを 書きなさい。

① この ＿＿＿が ＿＿＿＿ 動＿＿＿の ＿＿＿＿は ＿＿＿ですか。
　　　　　くび　　なが　い　　　　ぶ　つ　　な　ま　え　　な　ん

② ＿＿＿＿に ＿＿＿＿を はります (to stick)。
　　て　が　み　　き　っ　て

③ ＿＿＿が 痛いので、＿＿＿＿を ＿＿＿＿＿＿＿＿。
　あ　た　ま　　　　　　が　っ　こう　　　や　す　み　ま　し　た

④ 1 ＿＿＿＿＿ 1は 2です。
　　　　た　す

⑤ ＿＿＿を ＿＿＿＿に して ください。
　から　だ　　たい　せつ

171

**246** 顔 **18画** 〔頁〕 ` 亠 亠 产 立 产 产 彦 彦 彦 彦 顔 顔 顔 顔 顔 顔

face｜顔｜얼굴 안｜NHAN, mặt

かお 顔 a face｜脸｜얼굴｜mặt

| 顔 | 顔 | 顔 | | | | | | | | | | | | |
|---|---|---|---|---|---|---|---|---|---|---|---|---|---|---|

**247** 目 **5画** 〔目〕 丨 冂 月 月 目

eye｜目｜눈 목｜MỤC, mắt

め 目 an eye｜眼睛｜눈｜mắt

～ 目 ordinal numbers or order (suffix)｜第～｜～번째｜thứ ～ (số thứ tự hoặc thứ tự, cấp bậc)

| 目 | 目 | 目 | | | | | | | | | | | | |
|---|---|---|---|---|---|---|---|---|---|---|---|---|---|---|

**248** 耳 **6画** 〔耳〕 一 丁 下 F 王 耳

ear｜耳｜귀 이｜NHĨ, tai

みみ 耳 an ear｜耳朵｜귀｜tai

| 耳 | 耳 | 耳 | | | | | | | | | | | | |
|---|---|---|---|---|---|---|---|---|---|---|---|---|---|---|

**249** 口 **3画** 〔口〕 丨 冂 口

mouth｜口｜입 구｜KHẨU, miệng

コウ 人口 population｜人口｜인구｜nhân khẩu, dân số

くち 口 a mouth｜嘴, 口｜입｜miệng

入り口 an entrance｜入口｜입구｜cửa vào, lối vào

出口 an exit｜出口｜출구｜cửa ra, lối ra

| 口 | 口 | 口 | | | | | | | | | | | | |
|---|---|---|---|---|---|---|---|---|---|---|---|---|---|---|

50 | **力** | 2画 〔力〕 つ カ
power, strength｜力｜힘 력｜LỰC, sức lực, năng lực

**ちから** 力 power, strength｜力, 力量｜힘｜lực, sức lực

| 力 | 力 | 力 | | | | | | | | | | | | |
|---|---|---|---|---|---|---|---|---|---|---|---|---|---|---|

😮 **よみましょう** 読みを ひらがなで 書きなさい。

① 朝 起きて、顔を 洗います。

② うさぎ (rabbit) は 耳が 長いです。

③ この 町の 人口は 十万人ぐらいです。

④ 弟は 柔道を して います。力が 強いです。

⑤ 二つ目の 角を 右に 曲がって ください。

✏️ **かきましょう** ___に 漢字、または 漢字と ひらがなを 書きなさい。

① みんなの _____ で いい _____ を 作りましょう。
　　　　　　ちから　　　　　　まち

② 祖_____ は _____ が よく _____ が、_____ です。
　そ　　ぼ　　　みみ　　　　　きこえません　　　　　げんき

③ 恥ずかしいとき、_____ が _____ なります。
　は　　　　　　　　かお　　　あかく

④ _____ が _____ ですから、めがねを かけます。
　め　　　　わるい

⑤ ここは 出_____ です。入り_____ は あちらです。
　　　　て　ぐち　　　　い　ぐち

## 251

風 **9画** 〔風〕 丿 几 几 凡 同 同 風 風 風

wind｜风｜바람 풍｜PHONG, gió, kiểu

フウ
フ
かぜ

台風 a typhoon｜台风｜태풍｜bão
風呂 a bath｜洗澡用热水, 浴池｜목욕(물), 욕조｜bồn tắm
風 a wind｜风｜바람｜gió
風邪 a cold｜感冒｜감기｜cảm, bị cảm

風 風 風

## 252

声 **7画** 〔声〕 一 十 ± 声 声 声 声

voice｜声｜소리 성｜THANH, tiếng nói

こえ
声 a voice｜声, 声音｜(목)소리｜tiếng nói

声 声 声

## 253

医 **7画** 〔匚〕 一 丆 丆 厇 歪 歪 医

medicine, cure｜医｜의원 의｜Y, y tế, chữa bệnh

イ
医者 a (medical) doctor｜医生｜의사｜bác sĩ　　　医学 medical science｜医学｜의학｜y học
歯医者 a dentist｜牙医, 牙科大夫｜치과 의사｜bác sĩ nha khoa

医 医 医

## 254

者 **8画** 〔者〕 一 十 土 耂 耂 者 者 者

person｜者｜놈 자｜GIẢ, người

シャ
医者 a (medical) doctor｜医生｜의사｜bác sĩ
歯医者 a dentist｜牙医, 牙科大夫｜치과의사｜bác sĩ nha khoa

者 者 者

55

# 薬

**16画** 〔↔〕 一 十 艹 艻 芍 芍 芍 苩 苩 菏 菏 菏 蓮 蕐 薬 薬

drug, medicine｜药｜약 약｜DƯỢC, thuốc, y tế

**くすり**　薬 a drug, medicine｜药｜약｜thuốc

| 薬 | 薬 | 薬 | | | | | | | | | | | | |
|---|---|---|---|---|---|---|---|---|---|---|---|---|---|---|

## 😮 よみましょう　読みを ひらがなで 書きなさい。

① 風邪を ひいて、声が 出ません。

② これは 医学の 本です。

③ 台風が 来ますから、注意して ください。

④ この 薬は 寝る 前に 飲んで ください。

⑤ 強い 風で 木が 倒れました。

## ✏️ かきましょう　＿＿に 漢字、または 漢字と ひらがなを 書きなさい。

① ＿＿＿＿で ドアが ＿＿＿＿＿＿＿＿＿＿＿＿＿。
　　かぜ　　　　　　　　　　し　ま　り　ま　し　た

② ＿＿＿＿＿＿＿＿で ＿＿＿＿＿を もらいました。
　　びょういん　　　　　くすり

③ ＿＿＿＿＿＿＿＿＿＿＿。＿＿＿＿＿＿ ＿＿＿＿で ＿＿＿＿＿＿ ください。
　　き　こ　え　ま　せ　ん　　　おおきい　　こえ　　　は　な　し　て

④ この ＿＿＿＿には ＿＿＿＿＿＿が いません。
　　　　むら　　　　　いしゃ

⑤ 台＿＿＿＿で ＿＿＿＿＿＿＿が こわれました。
　　ふう　　　たてもの

256
飯 **12画** 〔食〕 ノ 人 人 今 今 今 食 食 飦 飦 飯 飯
boiled rice, meal｜饭｜밥 반｜PHẠN, cơm, bữa ăn

ハン　ご飯 boiled rice, a meal｜饭, 米饭｜밥｜cơm
　　　朝ご飯 breakfast｜早饭｜아침밥｜cơm sáng
　　　晩ご飯 supper, dinner｜晚饭｜저녁밥｜cơm tối

夕飯 supper, dinner｜晚饭｜저녁밥｜cơm tối, cơm chiều
昼ご飯 lunch｜中饭｜점심밥｜cơm trưa

257
野 **11画** 〔里〕 l 冂 冂 日 甲 甲 里 野 野 野 野
field｜野｜들 야｜DÃ, hoang dã, rộng rãi

ヤ　　野菜 vegetables｜蔬菜｜야채｜rau

258
菜 **11画** 〔⺾〕 一 十 艹 艹 艹 芯 苎 苂 荢 菜 菜
vegetables｜菜｜나물 채｜THÁI, rau

サイ　野菜 vegetables｜蔬菜｜야채｜rau

259
心 **4画** 〔心〕 ノ 心 心 心
heart｜心｜마음 심｜TÂM, trái tim

シン　心配する to be anxious, to be worried｜担心｜걱정하다｜lo lắng
　　　安心する to be relieved｜安心, 放心｜안심하다｜an tâm
　　　熱心な eager, enthusiastic｜热心(的), 热情(的)｜열심히 하는｜nhiệt tâm, nhiệt tình

こころ　心 heart｜心｜마음｜lòng, tấm lòng, tâm, trái tim

260 | 死 | **6画** 〔歹〕 一 ア ア 歹 歼 死
die｜死｜죽을 사｜TỬ, chết

**し-ぬ**　死ぬ し to die｜死｜죽다｜chết, mất

死 死 死 ☐ ☐ ☐ ☐ ☐ ☐ ☐ ☐ ☐ ☐ ☐

**よみましょう**　読みを ひらがなで 書きなさい。

① 夕飯の 支度を します。

② あの 人は 野菜しか 食べません。

③ 重い (serious) 病気では ありませんから、心配しないで ください。

④ 川で 魚が 死んで います。

⑤ その子は 大きく なって、心も 体も 強く なりました。

**かきましょう**　＿＿に 漢字、または 漢字と ひらがなを 書きなさい。

① もっと ＿＿＿＿＿を ＿＿＿＿＿＿＿＿。
　　　　　　やさい　　　　たべましょう

② ＿＿＿の ＿＿＿＿な ＿＿＿が ＿＿＿＿＿＿。
　　わたし　　だいすき　　ことり　　しにました

③ ＿＿＿の 説＿＿を ＿＿＿＿、＿＿＿＿しました。
　　いしゃ　　　めい　　　きいて　　あんしん

④ この ＿＿＿は、ご＿＿を ＿＿＿＿から、＿＿＿＿＿。
　　　　くすり　　　はん　　たべて　　　　のみます

⑤ ＿＿＿の ＿＿＿＿は ＿＿が いいですか。
　　きょう　　ゆうはん　　なに

問題1　読みを ひらがなで 書きなさい。

① 風邪の 薬を もらいました。ご飯の 後に 飲みます。

② 医者は、「野菜が 足りないから、もっと 食べてください。」と 言いました。

③ 電話で 両親の 元気な 声を 聞いて 安心しましたが、顔も 見たいです。

④「運転手さん、そこは 出口です。入り口はもう少し 先ですよ。」

⑤ その犬は 私の 大切な 友達でしたが、去年、病気で 死んで しまいました。

問題2　＿＿に 漢字、または 漢字と ひらがなを 書きなさい。

① ＿＿＿や ＿＿＿の ＿＿＿は とても ＿＿＿＿＿です。
　　　 かぜ　　 みず　　 ちから　　　　　　つよい

② ＿＿＿ちゃんの ＿＿＿は ＿＿＿＿＿ですが、＿＿＿は ＿＿＿＿＿ですね。
　　 あか　　　　 からだ　 ちいさい　　　　 あたま　 おおきい

③ 最＿＿＿、＿＿＿や ＿＿＿が ＿＿＿＿＿ なりました。
　　 きん　　 め　　 みみ　　 わるく

④ この ＿＿＿＿＿の ＿＿＿＿＿は ID カードを ＿＿＿に かけて (hang) います。
　　　 かいしゃ　　 しゃいん　　　　　　　　 くび

⑤「＿＿＿＿＿が ＿＿＿＿＿ですね。」「いいえ、まだ ＿＿＿＿＿です。」
　　 にほんご　 じょうず　　　　　　　　　　　 へた

問題3　何画目に 書きますか。（　）の 中に 数字を 書きなさい。　れい：川├（３）

①　　　　　　　　　②　　　　　　　　　③
（　）心　　　　　　 　 耳　　　　　　 （　）医
　　　　　　　　　 （　）

📖 **ふりかえり** Review

➙ 自分の体や健康について、説明ができる。　　　　　　はい　・　いいえ
　Explain your body and health conditions.

➙ 13課で勉強した漢字を読んだり、書いたりできる。　　はい　・　いいえ
　Read and write *kanji* you learned in lesson 13.

# 14課 駅 Station

この課で学ぶこと ▶ 駅で見られる漢字について考えましょう。

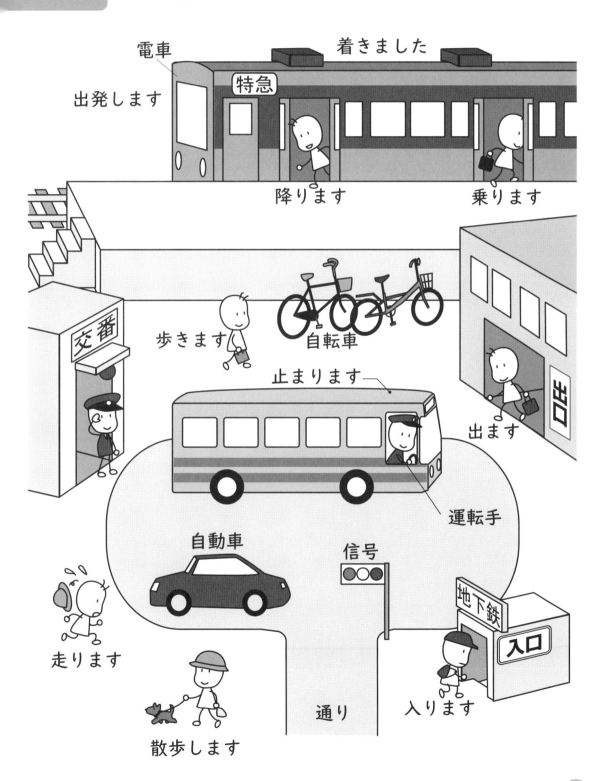

電車
着きました
出発します
特急
降ります
乗ります
歩きます
自転車
止まります
出ます
運転手
交番
自動車
信号
地下鉄
入口
走ります
通り
入ります
散歩します

261

乗 **9画**〔ノ〕 一 二 三 三 三 乒 乒 乖 乗

ride, get on｜乗｜탈 승｜THỪA, lên (xe)

**の-る**
乗る to ride, to get on｜乗坐｜타다｜lên (tàu, xe)
乗り換える to change, to transfer｜換乗｜갈아타다｜đổi (tàu, xe)
乗り物 a vihicle, a conveyance｜交通工具｜탈 것, 교통기관｜xe cộ, phương tiện giao thông

262

降 **10画**〔阝〕 ⁊ ⁊ 阝 阝' 阝' 降 降 降 降 降

descend｜降｜내릴 강｜GIÁNG, xuống (xe)

**お-りる**
降りる to get off｜下, 降落｜내리다｜xuống (tàu, xe)

**ふ-る**
降る to fall, to rain, to snow｜下, 降下｜(비가) 내리다｜rơi (mưa, tuyết rơi)

263

歩 **8画**〔止〕 丨 ト 止 止 牛 芈 芈 歩

walk｜步｜걸음 보｜BỘ, đi bộ

**ホ**
散歩する to take a walk, to have a stroll｜散步｜산보하다｜đi dạo bộ

**ある-く**
歩く to walk｜走, 步行｜걷다｜đi bộ

歩 歩 歩

264

走 **7画**〔走〕 一 十 土 キ キ 走 走

run｜走｜달릴 주｜TẨU, chạy

**はし-る**
走る to run｜跑｜달리다｜chạy

走 走 走

180

65　**止**　**4画** 〔止〕 丨 卜 止 止
stop｜止｜그칠 지｜CHỈ, đứng lại

シ　中止する to stop｜中止, 停止｜중지하다｜hủy bỏ, đình chỉ
と-まる　止まる to stop｜停｜멈추다｜ngừng, đứng lại
と-める　止める to stop, to park｜停, 制止｜멈추게 하다｜dừng lại, đậu xe

| 止 | 止 | 止 | | | | | | | | | | | |
|---|---|---|---|---|---|---|---|---|---|---|---|---|---|

👄 **よみましょう**　読みを ひらがなで 書きなさい。

① 地下鉄に 乗り換えましょう。

② 降りる 人は ボタンを 押します。

③ 雨が 降ったら、遠足は 中止します。

④ 走れば バスに 間に 合います。

⑤ ここに 車を 止めないで ください。

✏️ **かきましょう**　＿＿に 漢字、または 漢字と ひらがなを 書きなさい。

① ＿＿＿＿＿は ＿＿＿が ＿＿＿＿＿でしょう。
　　こ ん や　　あ め　　　ふ る

② ＿＿＿＿＿ ＿＿＿＿＿＿ ＿＿＿＿＿＿＿＿＿。
　　まい あさ　さんじゅっぷん　　あ る き ます

③ 危ないですから、＿＿＿＿＿＿＿＿＿＿ ください。
　　　　　　　　　　　は し ら な い で

④ ＿＿＿に ＿＿＿＿＿＿ ください。
　　さ き　　　お り て

⑤ ＿＿＿＿＿ ＿＿＿に バス＿＿＿を 払います。
　　の る　　ま え　　　　だ い

## 266 電

**13画** 〔雷〕 一 一 一 一 一 雨 雨 雨 雪 雪 雪 雪 雪 電

electricity｜电｜전기 전｜ĐIỆN, điện

**デン**

電車 a train｜电车｜전철｜tàu điện

電話 a telephone｜电话｜전화｜điện thoại

電気 electricity, an electric light｜电, 电灯｜전기｜điện

## 267 自

**6画** 〔自〕 ' ' 'ㄇ 自 自 自

oneself, naturally｜自｜스스로 자｜TỰ, chính mình, tự nhiên

**ジ**

自転車 a bicycle｜自行车, 单车｜자전거｜xe đạp

自由な free｜自由(的)｜자유로운｜tự do

自動車 an automobile, a car｜汽车｜자동차｜xe ô tô

自分で by oneself｜自己｜스스로｜tự mình

## 268 転

**11画** 〔車〕 一 一 一 一 戸 亘 車 車 軒 転 転

turn, roll｜转｜구를 전｜CHUYỂN, chuyển động, cuốn, cuộn

**テン**

運転する to drive, to operate｜驾驶｜운전하다｜lái xe

自転車 a bicycle｜自行车, 单车｜자전거｜xe đạp

運転手 a driver｜司机｜운전수｜người lái xe, tài xế

## 269 動

**11画** 〔力〕 一 一 一 戸 戸 育 肻 重 重 動 動

move｜动｜움직일 동｜ĐỘNG, di chuyển, chuyển động

**ドウ**

動物 an animal｜动物｜동물｜động vật

自動車 an automobile, a car｜汽车｜자동차｜xe ô tô

**うご-く**

動く to move｜动｜움직이다｜cử động

運動 motion, movement, exercise｜运动｜운동｜vận động

動 動 動

270

# 鉄

13画 ノ ㇒ ㇾ ㇾ 牟 牟 金 金 釘 釨 鈝 鉄 鉄
〔金〕

iron｜铁｜쇠 철｜THIẾT, sắt

テツ 地下鉄 a subway｜地铁｜지하철｜tàu điện ngầm

| 鉄 | 鉄 | 鉄 | | | | | | | | | | | | |
|---|---|---|---|---|---|---|---|---|---|---|---|---|---|---|

**よみましょう** 読みを ひらがなで 書きなさい。

① 自転車で 学校へ 行きます。

② 会議が 中止に なったら 電話して ください。

③ 写真を とりますから、動かないで ください。

④ あの 男の子は 動物の 世話を するのが 好きです。

⑤ どこでも、自由に 座って ください。

**かきましょう** ___に 漢字、または 漢字と ひらがなを 書きなさい。

① _____で _____へ _____。
　　ち か て つ　　　か い しゃ　　　　い き ます

② _____の ____が _____。
　　で ん しゃ　　お と　　　　き こ え ます

③ ____の ____に _____が たくさん _____ あります。
　　え き　 ま え　　じ て ん しゃ　　　　　　　と め て

④ この _____は _____で 作りました。
　　　　よ う ふ く　　じ ぶ ん

⑤ パソコンが _____ (doesn't work)。
　　　　　　う ご き ま せ ん

## 271 運

**12画**
〔⻌〕

ノ 一 ⊓ ⊓ ⼾ ⼾ 胃 冒 宣 軍 軍 運 運

carry, move｜运｜움직일 운｜VẬN, vận chuyển, vận may

**ウン**
運転する to drive, to operate｜驾驶｜운전하다｜lái xe
運転手 a driver｜司机｜운전수｜người lái xe, tài xế
運動 motion, movement, exercise｜运动｜운동｜vận động

**はこ-ぶ**
運ぶ to carry｜搬运, 运送｜나르다｜chở, mang, vận chuyển

| 運 | 運 | 運 | | | | | | | | | |
|---|---|---|---|---|---|---|---|---|---|---|---|
| | | | | | | | | | | | |

## 272 通

**10画**
〔⻌〕

マ マ マ ⼸ ⼸ 甬 甬 涌 通 通

pass, commute｜通｜통할 통｜THÔNG, thông qua, giao thông

**ツウ**
交通 traffic, transportation｜交通｜교통｜giao thông
**とお-る**
通る to pass｜通过｜지나가다｜đi qua
**かよ-う**
通う to commute｜来往, 上学, 上班｜다니다｜đi đi về về, lui tới (đi học)

普通の usual, normal｜普通(的)｜보통의｜phổ thông, bình thường
通り a street, an avenue｜大街, 马路｜길, 거리｜đường lộ

| 通 | 通 | 通 | | | | | | | | | |
|---|---|---|---|---|---|---|---|---|---|---|---|
| | | | | | | | | | | | |

## 273 入

**2画**
〔入〕

ノ 入

enter, put in｜入｜들 입｜NHẬP, đi vào, cho vào

**ニュウ**
入学する to enter a school｜入学｜입학하다｜nhập học
輸入する to import｜进口｜수입하다｜nhập khẩu

**い-る**
入り口 entrance｜入口｜입구｜cửa vào, lối vào
**い-れる**
入れる to put in｜放入｜넣다｜bỏ vào, cho vào
**はい-る**
入る to enter｜进入｜들어가다｜vào

入院する to be hospitalized｜住院｜입원하다｜nhập viện

| 入 | 入 | 入 | | | | | | | | | |
|---|---|---|---|---|---|---|---|---|---|---|---|
| | | | | | | | | | | | |

## 274 出

**5画**
〔凵〕

｜ ⼗ ⼭ 出 出

go out, put out｜出｜날 출｜XUẤT, đi ra, lấy ra, gửi

**シュツ**
出発する to leave, to depart from｜出发｜출발하다｜xuất phát
**で-る**
出る to go out, to attend, to leave｜出, 出发｜나오다, 출발하다｜đi ra, tham dự, rời
出口 an exit｜出口｜출구｜cửa ra, lối ra
**だ-す**
出す to put out, to submit｜出, 拿出｜내다｜nộp, đưa, lấy ra

輸出する to export｜出口｜수출하다｜xuất khẩu
出かける to go out, to leave (the house)｜出门｜외출하다｜ra ngoài, đi chơi
引き出し a drawer, withdrawal (of money)｜抽屉, 提取(存款)｜서랍, (예금을) 찾음｜ngăn kéo, kéo ra, rút tiền

| 出 | 出 | 出 | | | | | | | | | |
|---|---|---|---|---|---|---|---|---|---|---|---|
| | | | | | | | | | | | |

## 75 着

**12画** 〔目〕 丶 ⺌ 艹 芊 羊 差 差 着 着 着 着

arrive, put on | 着 | 붙을 , 입을 착 | TRÚ, tới, mặc

つ-く　　着く to arrive at, to reach | 到达 | 도착하다 | đến, tới (nơi)

き-る　　着る to put on, to wear | 穿 | 입다 | mặc

　　　　着物 kimono | 和服 | 기모노 | áo kimono　　　　　　　上着 a coat, a jacket | 上衣 | 겉옷 | áo khoác

| 着 | 着 | 着 | | | | | | | | | | | | |
|---|---|---|---|---|---|---|---|---|---|---|---|---|---|---|
| | | | | | | | | | | | | | | |

### 😀 よみましょう　読みを ひらがなで 書きなさい。

① 引っ越しの 荷物を 自分で 運びます。

② 地下鉄で 高校へ 通います。

③ この 通りを 真っすぐ 行って ください。

④ 朝 九時に 東京を 出発します。

⑤ 北海道は 寒いですから、上着を 持って 行きます。

### ✏️ かきましょう　___に 漢字、または 漢字と ひらがなを 書きなさい。

① _____は _____に いいです。
　　うんどう　　からだ

② お_____を _____、ボタンを _____。
　　かね　　いれて　　　　　　　　おします

③ レポートは _____までに _____ ください。
　　　　　　あした　　　　　　だして

④ _____ _____を _____、_____に _____に _____。
　いま　かいしゃ　　　でれば　　　よじ　　　いえ　　つきます

⑤ _____式 (ceremony) に _____を _____ _____。
　にゅうがく　　　　　　きもの　　　　きて　　いきました

276 急 **9画** 〔心〕 ノ ク タ ラ 刍 刍 急 急 急
urgent, hurry | 急 | 급할 급 | CẤP, gấp, khẩn cấp

キュウ
特急 a special express | 特快 | 특급 | (tàu) tốc hành đặc biệt
急に suddenly | 突然 | 갑자기 | đột nhiên, đột ngột
急行 an express | 快车 | 급행 | tốc hành

いそ-ぐ
急ぐ to hurry | 快, 赶紧 | 서두르다 | gấp, khẩn cấp

 急 急 急

277 番 **12画** 〔田〕 一 ⌒ ⌒ 罒 罒 平 来 来 番 番 番 番
number, watch | 番 | 번 번 | PHIÊN, số, thứ tự

バン
番号 a number | 号码 | 번호 | số
番組 a (TV) program | 节目 | 방송프로그램 | chương trình ti vi
交番 a police box | 派出所 | 파출소 | bốt, trạm cảnh sát
〜番 number 〜 | 第〜号, 〜号 | 〜번 | số 〜

 番 番 番

278 号 **5画** 〔口〕 丨 冂 口 号 号
number, sign | 号 | 부를 호 | HÀO, HIỆU, số, dấu hiệu

ゴウ
番号 a number | 号码 | 번호 | số
信号 a signal, a traffic light | 信号, 红绿灯 | 신호 | tín hiệu

 号 号 号

279 台 **5画** 〔口〕 ㇄ ㇛ 台 台 台
table, base | 台 | 별 태, 대 대 | THAI, nền cao, bàn cao

ダイ
〜台 counter for vehicles and machines | 〜台, 〜辆 | 〜대 | 〜 cái (đơn vị đếm máy móc, xe cộ)
台所 a kitchen | 厨房 | 부엌 | bếp, nhà bếp

タイ
台風 a typhoon | 台风 | 태풍 | bão

台 台 台

80

# 回 6画 〔口〕 丨 冂 冂 冋 冋 回

turn around,time｜回｜돌아올 회｜HỒI, quay lại, hồi ký

**カイ** 〜回 〜 time(s)｜〜回, 〜次｜〜회｜〜 lần (đếm số lần)

**まわ-る** 回る to turn around｜转, 旋转, 巡回｜돌다｜xoay, xoay quanh

| 回 | 回 | 回 | | | | | | | | | | |
|---|---|---|---|---|---|---|---|---|---|---|---|---|

🗣 **よみましょう** 読みを ひらがなで 書きなさい。

① この 駐車場は 車が 百台 止められます。

② 去年は 台風が 多かったです。

③ 部屋の 番号は 何番ですか。

④ 一週間に 二回 日本語の クラスが あります。

⑤ この 電車は 特急ですか、急行ですか。

✏️ **かきましょう** ___に 漢字、または 漢字と ひらがなを 書きなさい。

① _____ _____に 合います。
　　　い　そ　げ　ば　　ま

② _____に _____が _____ きました。
　　きゅう　　あめ　　　ふ　っ　て

③ _____は _____ ですか。
　　で ん わ ば ん ご う　　な ん ば ん

④ _____は この _____には _____。
　と っ きゅう　　　　え き　　　と　ま　り　ま　せ　ん

⑤ _____に _____ ご_____を _____。
　い ち に ち　　さ ん か い　　は ん　　た　べ　ま　す

問題1　読みを ひらがなで 書きなさい。

① 雨が 降って きましたから、急ぎましょう。

② 図書館の 電話番号は 何番ですか。

③ 自転車で 駅まで 行って、電車に 乗ります。そして、地下鉄に 乗り換えます。

④ 入院しなくても いいのですが、一週間に 三回、病院へ 通います。

⑤ この 急行は 八時三分に 出て、東京に 九時九分に 着きます。

問題2　＿＿に 漢字、または 漢字と ひらがなを 書きなさい。

① ＿＿＿＿＿で ＿＿＿＿＿が ＿＿＿＿＿＿ います。いつ ＿＿＿＿＿か わかりません。
　　　　たいふう　でんしゃ　　とまって　　　　　　うごく

② ＿＿＿＿＿＿は いけません。＿＿＿＿＿＿ ください。
　　　はしって　　　　　　　あるいて

③ ＿＿＿が ＿＿＿＿＿＿、＿＿＿が ＿＿＿＿＿ ＿＿＿＿＿は ＿＿＿でしょう。
　　め　　　あかくて　　みみ　　ながい　　どうぶつ　　なん

④ この ＿＿＿＿＿は ＿＿＿が ＿＿＿＿ですから、＿＿＿をつけて ください。
　　　　とおり　　くるま　おおい　　　　き

⑤ ＿＿＿＿＿は ＿＿＿＿ なりますから、＿＿＿＿＿を ＿＿＿＿＿
　　ゆうがた　さむく　　　　　　　　　うわぎ　　もって

　＿＿＿＿＿＿＿＿＿。
　　でかけましょう

問題3　何画目に 書きますか。(　)の 中に 数字を 書きなさい。　れい：川（３）

① 号（　）　　② 乗（　）　　③（　）回

📖 **ふりかえり** Review

➡ 駅に 行ったとき、書かれている 漢字が 理解できる。　　　はい　・　いいえ
Understand the *kanji* on the signs when you are at stations.

➡ 14課で 勉強した 漢字を 読んだり、書いたりできる。　　　はい　・　いいえ
Read and write *kanji* you learned in lesson 14.

# 作文 Composition

**5課**

**この課で学ぶこと** ≫ 作文を書くときに使う漢字について考えましょう。

習った漢字を使って、考えた
ことや思ったこと、知っている
ことなどを書いてみましょう。

①

```
          先週
              ファン・ヒョンウ
 先週はサッカーの試合と日本語の試験があ
りました。日本語の試験はじゅ業でよく勉強
しましたから、問題はやさしかったです。で
も、サッカーの試合はまけました。とてもざ
んねんでしたが、また、がんばります。
```

②

```
       料理
              王　明
 私は料理が大好きで、よく作ります。冷ぞ
うこの中の食品を利用します。今日、レスト
ランで日本料理を食べました。今、その味を
思い出して、作り方を考えています。とても
楽しいです。
```

③

```
          私のしゅ味
              リサ・アンダソン
→ 私のしゅ味は山にのぼることです。山は空
気がきれいです。でも、天気がすぐ悪くなり
ます。安全な山ののぼり方について説明しま
す。きょう味があったら、いっしょに話しま
せんか。
```

文の始めは1マス空けます。

④ 100字以内で作文を書きましょう。

**281**

作 7画 〔亻〕 ノ イ イ 仁 竹 作 作
make｜作｜지을 작｜TÁC, làm

サク 作文 composition｜作文｜작문｜bài văn

つく-る 作る to make｜做, 制作｜만들다｜làm

作 作 作

**282**

使 8画 〔亻〕 ノ イ イ' イ'' 佢 侢 使 使
use｜使｜하여금 사｜SỬ, SỨ, sử dụng

シ 大使館 an embassy｜大使馆｜대사관｜Đại Sứ Quán

つか-う 使う to use｜使用｜사용하다｜sử dụng

使 使 使

**283**

考 6画 〔耂〕 一 十 土 耂 考 考
think｜考｜상고할 고｜KHẢO, suy nghĩ, tư duy

かんが-える 考える to think｜思考, 考虑｜생각하다｜suy nghĩ

考 考 考

**284**

思 9画 〔心〕 丨 冂 冖 用 田 甲 思 思 思
think｜思｜생각할 사｜TƯ, nghĩ

おも-う 思う to think｜想｜생각하다｜nghĩ

思い出す to recall, to remember｜想起, 记起｜생각해 내다, 생각하다｜nhớ lại, hồi tưởng lại

思 思 思

| 知 | 8画 | ノ ヒ ヒ チ 矢 矢 知 知 |
|---|---|---|

〔矢〕

know｜知｜알 지｜TRI, biết

**チ** 　承知する to agree｜同意, 答应, 知道｜알다, 승낙하다｜đồng ý, thừa nhận

**し-る** 　知る to know｜知道｜알다｜biết 　　　　知らせる to let ... know｜通知, 告知｜알리다｜thông báo

| 知 | 知 | 知 | | | | | | | | | | | |
|---|---|---|---|---|---|---|---|---|---|---|---|---|---|

**よみましょう** 　読みを ひらがなで 書きなさい。

① 社長から みなさんに お知らせが あります。

② この 音楽を 聞くと、国の ことを 思い出します。

③ いくら 考えても 答えが わかりません。

④ 習った 言葉を 使って 文を 作って ください。

⑤ スミスさんは 作文が 上手です。

**かきましょう** 　＿＿に 漢字、または 漢字と ひらがなを 書きなさい。

① ＿＿＿＿＿＿＿へ パスポートを ＿＿＿＿＿＿に ＿＿＿＿＿＿＿＿＿＿。
　　たいしかん　　　　　　　　　　とり　　　　　　いきます

② それは とても いい ＿＿＿＿＿だと ＿＿＿＿＿＿＿。
　　　　　　　　　　　かんがえ　　　　　おもいます

③ ＿＿＿達が おいしい ご＿＿＿を ＿＿＿＿＿＿＿。
　とも　　　　　　　　　はん　　　つくりました

④ ＿＿は ＿＿＿＿＿いますが、＿＿＿＿は ＿＿＿＿＿＿＿＿。
　かお　　　しって　　　　　　　なまえ　　　しりません

⑤ ＿＿を ＿＿＿＿に ＿＿＿＿＿＿＿＿＿。
　もの　　たいせつ　　　　つかいましょう

286 業 **13画**〔木〕 `丨 丷 丷 业 业 业 业 业 業 業 業`
work, business｜业｜업 업｜NGHIỆP, sự nghiệp, thương nghiệp

**ギョウ**

授業 class, a lesson｜上课｜수업｜giờ học

産業 industry｜产业｜산업｜công nghiệp, ngành sản xuất

工業 industry, manufacturing industry｜工业｜공업｜công nghiệp

卒業する to graduate｜毕业｜졸업하다｜tốt nghiệp

| 業 | 業 | 業 | | | | | | | | | | | |
|---|---|---|---|---|---|---|---|---|---|---|---|---|---|

287 題 **18画**〔頁〕 `丨 冂 冂 日 旦 早 早 是 是 是 是 趄 題 題 題 題 題 題`
title, topic｜题｜표제 제｜ĐỀ, tựa đề, đề tài

**ダイ**

問題 a problem, a question｜问题｜문제｜vấn đề

宿題 homework｜课外作业｜숙제｜bài tập về nhà

| 題 | 題 | 題 | | | | | | | | | | | |
|---|---|---|---|---|---|---|---|---|---|---|---|---|---|

288 試 **13画**〔言〕 `丶 丶 亠 ニ 言 言 言 訁 訁 訂 訂 試 試`
try, test｜试｜시험할 시｜THÍ, thi, thử

**シ**

試験 a test, an examination｜考试｜시험｜thi, kỳ thi

試合 a match, a game｜比赛｜시합｜trận đấu

| 試 | 試 | 試 | | | | | | | | | | | |
|---|---|---|---|---|---|---|---|---|---|---|---|---|---|

289 験 **18画**〔馬〕 `丨 厂 厂 厂 厈 馬 馬 馬 馬 馬 馬 馬 馰 験 験 験 験 験`
test｜验｜시험 험｜NGHIỆM, thử nghiệm, thử

**ケン**

試験 a test, an examination｜考试｜시험｜thi, kỳ thi

経験 experience｜经验, 经历｜경험｜kinh nghiệm

| 験 | 験 | 験 | | | | | | | | | | | |
|---|---|---|---|---|---|---|---|---|---|---|---|---|---|

290

# 合

**6画** 〔口〕 ノ 人 人 今 合 合

suit, combine｜合｜맞을 합｜HỢP, vừa, phối hợp

**ゴウ**

**あ-う**

都合 convenience, circumstances｜情况, 方便(与否)｜형편, 사정｜
thuận tiện, thu xếp

合う to fit｜合适, 相称, 符合｜맞다｜hợp, vừa

試合 a match, a game｜比赛｜시합｜trận đấu

具合 condition, a state｜情况, 状态｜형편, 상태｜
tình trạng, trạng thái (sức khỏe)

間に合う to be in time｜赶得上, 来得及｜시간에 대다, 족하다｜
kịp (nói về thời gian)

場合 a case, an occasion｜场合, 情况｜경우｜trường hợp

| 合 | 合 | 合 | | | | | | | | | | | |
|---|---|---|---|---|---|---|---|---|---|---|---|---|---|

## 😮 よみましょう　読みを ひらがなで 書きなさい。

① 大学を 卒業して、会社に 入りました。

② 宿題が 終わったら、テレビを 見ます。

③ 試験を しますから、よく 復習して ください。

④ 都合が 悪い 場合は、知らせて ください。

⑤ あなたの 町は どんな 産業が さかん (flourishing) ですか。

## ✏️ かきましょう　＿＿に 漢字、または 漢字と ひらがなを 書きなさい。

① ＿＿＿＿＿は ＿＿＿＿で ＿＿＿＿＿＿に なりました。
　　　しあい　　　あめ　　　ちゅうし

② ＿＿＿＿＿＿＿、＿＿＿＿＿に ＿＿＿に ＿＿＿＿＿＿＿＿。
　　はしったら　　　　でんしゃ　　ま　　　あいました

③ ＿＿＿＿＿は ＿＿＿＿＿が ＿＿＿＿＿ので、＿＿＿＿＿に して ください。
　こんげつ　　　つごう　　　わるい　　　　らいげつ

④ ＿＿＿＿＿の ＿＿＿＿＿は 易しかったです。
　しけん　　　もんだい

⑤ この ＿＿＿＿は ＿＿＿＿＿が さかんです。
　　　まち　　　こうぎょう

291 **料** 10画 〔斗〕 丶 丶 丷 斗 半 米 米 米 米 料 料
materials, charge｜料｜형편 , 사정｜LIỆU, nguyên vật liệu

リョウ
りょう り
料理 cooking｜做菜 , 菜肴｜요리｜món ăn
しょくりょうひん
食料品 food｜食品｜식품｜thức ăn, thực phẩm

| 料 | 料 | 料 | | | | | | | | | |
|---|---|---|---|---|---|---|---|---|---|---|---|

292 **理** 11画 〔王〕 一 丁 F 王 王 珇 玑 理 理 理 理
reason, principle｜理｜도리 리｜LÝ, lí luận, nguyên lí

リ
りょう り
料理 cooking｜做菜 , 菜肴｜요리｜món ăn
ち り
地理 geography｜地理｜지리｜địa lý

り ゆう
理由 reason｜理由｜이유｜lí do

| 理 | 理 | 理 | | | | | | | | | |
|---|---|---|---|---|---|---|---|---|---|---|---|

293 **品** 9画 〔口〕 丨 冂 口 口 吕 吕 品 品 品
article｜品｜물건 품｜PHẨM, hàng hóa, vật phẩm

ヒン
しな
しょくひん
食品 food｜食品｜식료품｜thực phẩm
しなもの
品物 a article, goods｜物品, 东西｜물건, 물품｜đồ đạc, hàng hóa

しょくりょうひん
食料品 food｜食品｜식료품｜thức ăn, thực phẩm

| 品 | 品 | 品 | | | | | | | | | |
|---|---|---|---|---|---|---|---|---|---|---|---|

294 **味** 8画 〔口〕 丨 冂 口 口 吁 吁 呋 味
taste, meaning｜味｜맛 미｜VỊ, mùi vị, ý nghĩa

ミ
あじ
い み
意味 meaning｜意思, 含意｜의미｜ý nghĩa
きょう み
興味 interest｜兴趣｜흥미｜thích thú, quan tâm
あじ
味 taste｜味道｜맛｜vị, mùi vị

しゅ み
趣味 a hobby｜爱好｜취미｜sở thích

| 味 | 味 | 味 | | | | | | | | | |
|---|---|---|---|---|---|---|---|---|---|---|---|

95

| 用 | 5画 〔用〕 | ) 刀 月 月 用 |
|---|---|---|

use, errand | 用 | 쓸 용 | DỤNG, sử dụng, công việc

ヨウ

用／用事 business, engagement | 事情 | 용무 | việc bận, công chuyện
用意する to prepare | 准备 | 준비하다 | chuẩn bị sẵn
利用する to use | 利用 | 이용하다 | lợi dụng, sử dụng

| 用 | 用 | 用 | | | | | | | | | | | |
|---|---|---|---|---|---|---|---|---|---|---|---|---|---|

**よみましょう** 読みを ひらがなで 書きなさい。

① この 店は 便利ですから、よく 利用して います。

② 言葉の 意味を 辞書で 調べます。

③ 食料品は いつも どこで 買いますか。

④ 午前中は 用事が ありますから、午後 会いましょう。

⑤ この 牛乳は 変な 味が します。

**かきましょう** ＿＿に 漢字、または 漢字と ひらがなを 書きなさい。

① ＿＿＿＿＿を ＿＿＿＿＿＿ので、＿＿＿＿より ＿＿＿＿＿＿ に なりました。
りょうり　　　ならった　　　　まえ　　　　じょうず

② ＿＿＿は この ＿＿＿＿＿の ＿＿＿が ＿＿＿＿＿です。
わたし　　　　やさい　　　あじ　　　すき

③ この ＿＿＿は ＿＿＿＿＿が ＿＿＿＿＿＿、いいです。
みせ　　　　しなもの　　　　おおくて

④ ＿＿＿＿＿＿の ＿＿＿＿＿ を します。
りょこう　　　　ようい

⑤ 趣＿＿＿は ＿＿＿＿＿の ＿＿＿形を ＿＿＿＿＿＿ ことです。
み　　　せかい　　　にん　　　あつめる

### 296

**天** 4画 〔大〕 一 二 チ 天
sky, heaven | 天 | 하늘 천 | THIÊN, trời, thiên đường

テン
天気 weather | 天气 | 날씨 | thời tiết
天気予報 a weather forecast | 天气预报 | 일기예보 | dự báo thời tiết

### 297

**空** 8画 〔穴〕 ' ' ' 宀 宏 空 空 空 空
sky, air | 空 | 하늘, 빌 공 | KHÔNG, không khí, bầu trời

クウ
空港 a airport | 机场 | 공항 | sân bay, phi trường
空気 air | 空气 | 공기 | không khí

そら
空 the sky | 天空 | 하늘 | bầu trời

### 298

**以** 5画 〔人〕 丨 丶 丷 以 以
than | 以 | 써 이 | DĨ, hơn

イ
以上 more than, over | 以上, 不少于 | 이상 | trở lên, hơn nữa
以下 less than, under | 以下 | 이하 | trở xuống
以内 within | 以内 | 이내 | trong khoảng
以外 except | 以外, 此外 | 이외 | ngoài, ngoại trừ

### 299

**全** 6画 〔へ〕 ノ 人 へ 全 全 全
whole | 全 | 온전할 전 | TOÀN, tất cả

ゼン
安全な safe | 安全(的) | 안전한 | an toàn
全部の all, whole | 全部(的) | 전부의 | toàn bộ
全然〜ない not 〜 at all, never | 根本〜不 | 전혀〜하지 않다 |
hoàn toàn 〜 không

00 | 説 | **14**画 〔言〕 　丶　亠　亖　亖　言　言　言　訓　訳　説　説　説

explain｜说｜말씀 설｜THUYẾT, giải thích

セツ

説明する to explain｜说明｜설명하다｜thuyết minh, giải thích

小説 a novel｜小说｜소설｜tiểu thuyết

| 説 | 説 | 説 | | | | | | | | | | | |
|---|---|---|---|---|---|---|---|---|---|---|---|---|---|

😲 **よみましょう** 読みを ひらがなで 書きなさい。

① 最近、天気が よく 変わります。

② 秋の 空は きれいで 気持ちが いいです。

③ 品物は 一週間 以内に お送りします。

④ 趣味は 小説を 書くことです。

⑤ 安全の ために、運転する ときは、シートベルトを して ください。

✏️ **かきましょう** ___に 漢字、または 漢字と ひらがなを 書きなさい。

① _____は _____が いいと、_____に なります。
　　わたし　　てんき　　　　　　げんき

② 窓を _____、____の _____を _____。
　　　　　あけて　　　　そと　　くうき　　いれましょう

③ この ____の _____は _____ _____。
　　　ひと　　しょうせつ　　ぜんぶ　　よみました

④ _____ _____は _____。
　にちようび　いがい　　　でかけます

⑤ この _____で _____(rent)が _____ _____の
　　　ちかく　　　へやだい　　　　ごまんえん　いか

アパートは ないと _____。
　　　　　　おもいます

問題1　読みを ひらがなで 書きなさい。

① 用事が ありますから、大使館に 行きたいです。どこに あるか 知って いますか。

② 授業を 休みましたから、試験の 問題は 全然 わかりませんでした。

③ 新しい 料理を 考えました。作り方を 説明します。

④ 大学を 卒業したら、空港で 働きたいと 思って います。

⑤ 安全な 運転を するように しましょう。

問題2　____に 漢字、または 漢字と ひらがなを 書きなさい。

① _____が _____ので、_____は _____に なりました。
　　　てんき　　　わるかった　　　　　　しあい　　　ちゅうし

② _____ _____は どこですか。
　　しょくりょうひん　　　うりば

③ _____の _____を 辞_____で 調べます。
　　かんじ　　　いみ　　　　しょ

④ _____から _____まで _____で _____ _____かかります。
　　いえ　　　かいしゃ　　　でんしゃ　　いちじかん　いじょう

⑤ この _____では クレジットカードは _____。
　　みせ　　　　　　　　　　　　　　　　つかえません

問題3　何画目に 書きますか。（ ）の 中に 数字を 書きなさい。　れい：川（３）

①　考（　）　　②　以（　）　　③（　）業

📖 ふりかえり Review

➡ 勉強した漢字を使って、自分の考えたことやできごとを書くことができる。　　はい　・　いいえ
Write about your thoughts and events that happened using *kanji* you have learned.

➡ 15課で勉強した漢字を読んだり、書いたりできる。　　はい　・　いいえ
Read and write *kanji* you learned in lesson 15.

**問題1** 読<sub>よ</sub>みを ひらがなで 書<sub>か</sub>きなさい。

れい： この ペンは 百円でした。
　　　　　　　　　　　ひゃくえん

1 この 荷<sub>に</sub>物は 重いですから、一人では 運べません。

2 地下鉄の 入り口は あそこです。

3 風の 力は すごいですね。台風で 木や 建物が 倒<sub>たお</sub>れて しまいました。

4 外国人は空港で在留<sub>ざいりゅう</sub>カード (Resident Card) をもらったら、市役所<sub>やくしょ</sub> (city hall) や 区役所<sub>やくしょ</sub> (ward office)

　 へ行って、住んでいるところを届<sub>とど</sub>け出<sub>で</sub> (to notify) なければなりません。

5 母は となりの 町の 歯<sub>は</sub>医者に 通って います。

6 この 食堂は 野菜の 料理が 有名です。その 野菜は 全部 この 村で 作ります。

7 青森<sub>あおもり</sub>県は りんごが 有名です。秋田<sub>あきた</sub>県は 米が 有名です。

8 海の 近くに 自動車の 工場が あります。ここから 海外へ 輸<sub>ゆ</sub>出します。

9 来週の 試験は、となりの 広い 教室で 行います。

10 地図を 見て ください。ここが 駅で、大使館は ここです。

　　 歩いて 十分くらいです。

11 田中さんの うちの 電話番号は 何番ですか。

12 世界中の 人が この 小説を 読んで います。

13 兄は 東京都 北区に 住んで います。

14 急ぎましょう。走れば、電車に 間に 合います。

15 この 病院の 駐車場は 車が 何台 止められますか。

**問題2** _____に漢字、または 漢字と ひらがなを 書きなさい。

れい： テーブルの <u>上</u>に <u>何</u>も ありません。
　　　　　　　　うえ　　　なに

1 祖___は ___が _____ですから、_____で _____。
　　そぼ　　みみ　わるい　　　　　　　おおきい　こえ　　　はなします

2 _____が、_____を _____。
　　てんいん　　しなもの　　　もってきました

3 この ___の _____は ___と ___に あります。
　　　えき　でぐち　　きた　みなみ

4 _____、___の ___が _____きれいでしたから、_____を とりました。
　ゆうがた　にし　そら　あかくて　　　　　　　しゃしん

5 _____は _____です。___から _____ _____かかります。
　がっこう　とおい　　　いえ　　にじかん　いじょう

6 この ___をご ___の ___で _____ください。_____は _____を
　　くすり　はん　あと　のんで　　　　　　きょう　　うんどう

しないで ください。

7 ___から _____に _____。_____に ___と
　いま　てんしゃ　のります　　くじはん　　つく

_____。
おもいます

8 ____に _____、_____と _____します。
　　いちねん　いっかい　　かぞく　　りょこう

9 __は__が_____、_も____です。
　ちち　からだ　おおきくて　あし　ながい

10 ここは 危ないですから、_____を _____ ください。
　　　　あぶ　　　　　　じてんしゃ　　　おりて

11 ___は、_____、_____を 卒__ して、____で _____ います。
　いもうと　きょねん　だいがく　　そつぎょう　　ぎんこう　はたらいて

12 たくさんの ___が、その ___震で _____。
　　　　　　ひと　　　　じ　しん　しにました

13 両___は ___の __を _____、_____ しました。
　りょうしん　わたし　かお　みて　　あんしん

14 この _____ は 難しくて、いくら _____ わかりませんでした。
　　　もんだい　　むずか　　　　　かんがえても

15 __が 疲れて、__や __が 痛いです。
　め　　つか　　あたま　くび　　いた

問題3 何画目に 書きますか。（ ）の 中に 数字を 書きなさい。　れい： 何（ 7 ）
　　　なんかくめ　か　　　　　なか　すうじ　か

1 ( )駅　2 市( )　3 国 ( )　4 ( )出　5 ( )医　6 ( )建

問題4 □に どの 漢字が 入りますか。〔 〕から 一つ 選んで 書きなさい。

〔 大 屋 合 意 気 事 〕 れい: 日本 アメリカ ＞ 人

1
用 ＞ □
仕

2
天 ＞ □
電

3
□ ＜ 見
味

4
花 ＞ □
部

5
試 ＞ □
場

問題5 （ ）に 漢字、または 漢字と ひらがなを 書きなさい。読みも 書きなさい。

れい: 下 ⇔ 上　　　　来ます ⇔ 行きます
　　（した）（うえ）　　（きます）（いきます）

1 低い ・ 安い ⇔ ＿＿＿＿＿＿
（　　）（　　）（　　　　　　）

2 弱い ⇔ ＿＿＿＿＿＿
（　　　　　　）（　　　　　　）

3 短い ⇔ ＿＿＿＿＿＿
（　　　　　）（　　　　　　）

4 少ない ⇔ ＿＿＿＿＿＿
（　　　　　）（　　　　　　）

5 古い ⇔ ＿＿＿＿＿＿
（　　　　　）（　　　　　　）

6 明るい ⇔ ＿＿＿＿＿＿
（　　　　　）（　　　　　　）

7 小さい ⇔ ＿＿＿＿＿＿
（　　　　　）（　　　　　　）

8 軽い ⇔ ＿＿＿＿＿＿
（　　　　　）（　　　　　　）

9 便利な ⇔ ＿＿＿＿＿＿
（　　　　　）（　　　　　　）

10 引きます ⇔ ＿＿＿＿＿＿
（　　　　　）（　　　　　　）

11 座ります ⇔ ＿＿＿＿＿＿
（　　　　　）（　　　　　　）

12 貸します ⇔ ＿＿＿＿＿＿
（　　　　　）（　　　　　　）

13 乗ります　⇔ _____ 　　　14 　いい　　⇔ _____

（　　　　　　）（　　　　　　　　）　　　　　　　　　（　　　　　　　　）

15 閉めます　⇔ _____ 　　　16 　入ります　⇔ _____

（　　　　　　）（　　　　　　　　）　　（　　　　　　　）（　　　　　　　）


問題6　部首の 名前を □から 一つ 選んで 書きなさい。

れい：姉（　おんなへん　）

1 国（　　　　　　）　2 買（　　　　　　　）　3 持（　　　　　　　）

4 秋（　　　　　　）　5 体（　　　　　　　）　6 後（　　　　　　　）

7 家（　　　　　　）　8 間（　　　　　　　）　9 週（　　　　　　　）

10 洋（　　　　　　）　12 語（　　　　　　　）　13 茶（　　　　　　　）

14 病（　　　　　　）　15 飲（　　　　　　　）　16 都（　　　　　　　）

---

おんなへん　にんべん　ごんべん　きへん　てへん　ぎょうにんべん

さんずい　のぎへん　しょくへん　くにがまえ　もんがまえ　おおざと　かい

しんにょう　やまいだれ　まだれ　うかんむり　あめかんむり　くさかんむり

問題7 音声を 聞いて、例のように、ひらがなで 書きましょう。
それから、漢字で 書きましょう。

れい：けさ、テレビで ニュースを みました。
　　（今朝）　　　　　　　　　（見ました）

1 ＿＿＿＿＿ ました。こちらが ＿＿＿＿＿＿ ＿＿＿＿＿＿＿ です。
　（　　　）越し　　　　　（　　　）　（　　　）

2 ＿＿＿＿ に ＿＿＿＿＿、すぐに ＿＿＿＿＿＿。
　（　　）（　　　　　）　　（　　　　　）

3 ＿＿＿＿ は ＿＿＿＿ がありますから、＿＿＿ の ＿＿ に
　（　　）　（　　　）　　　　　　（　　）（　　）

＿＿＿＿＿＿。
（　　　　　　　）

4 よく＿＿＿＿＿＿ でした。もう ＿＿＿＿＿ ＿＿＿＿＿ して ください。
　（　　　　　）　　　　（　　　）（　　　）

5 ＿＿＿＿＿ に ＿＿＿ ときは、＿＿＿ に ＿＿＿＿＿ しましょう。
　（　　　）（　　）　　（　　　）（　　　）

問題8　どちらが　正しいですか。

れい：スミスさんは　日本人ですか。 ………… 1.（にほんじん）　　2. にほんひと

　　　コーヒーを　のみました。 …………… 1. 飯みました　　2.（飲みました）

1 あの えいがは 最高です。 ………………… 1. さいご　　　　2. さいこう

2 あしたは 運動会です。 …………………… 1. うんどうかい　2. うんどんかい

3 これは 利用者カードです。 ……………… 1. りようしゃ　　2. しようしゃ

4 電子レンジが ほしいです。 ……………… 1. でんし　　　　2. でんき

5 パーティーの 会場は あそこです。 ……… 1. かいじょ　　　2. かいじょう

6 にほんの しゅとは どこですか ………… 1. 首都　　　　　2. 京都

7 えいぎょうの しごとを しています。 … 1. 卒業　　　　　2. 営業

8 だいがくに しんがくします。 …………… 1. 入学　　　　　2. 進学

9 グループを くんでください。 …………… 1. 組んで　　　　2. 運んで

10 バスで つうがくします。 ………………… 1. 通学　　　　　2. 留学

# 初級で 学習する 漢字の 中級での 読み方

飲 イン | いんしょく 飲食
eating and drinking | 饮食 | 음식 | ăn uống, ẩm thực

右 ユウ | さゆう 左右
right and left | 左右 | 좌우 | trái phải
ウ | うせつ 右折する
to turn right | 向右拐, 向右转 | 우·회전하다 | rẽ phải

雨 ウ | ばいうぜんせん 梅雨前線
a seasonal rain front | 梅雨前线 | 장마전선 | hởi gian chuyển mùa (từ mùa xuân sang hạ, khí hậu nóng và ẩm mưa nhiểu)
あま | あまど 雨戸
shutters | 木板套窗 | 겉창 | cửa che mưa
∞ | つゆ 梅雨
tsuyu, the rainy season | 梅雨 | 장마 | mùa mưa

下 ゲ | じょうげ 上下
top and bottom, the upper and lower sides, high and low | 上下 | 위아래 | trên dưới, cao thấp
| げしゅく 下宿する
to lodge | 租住 | 하숙하다 | ở trọ
しも | しもはんき 下半期
the second half of the year | 下半期 | 하반기 | nửa kì cuối
お-りる | お 下りる
to go down | 下来 | 내리다, 내려오다 | xuống, đi xuống
お-ろす | お 下ろす
to lower | 拿下, 卸下 | 내리다, 내려뜨리다 | treo, lấy xuống, rút tiển
さ-がる | 下がる
to hang down | 下降 | 내려가다 | xuống, hạ xuống
さ-げる | さ 下げる
to lower, to hang | 降下 | 낮추다 | hạ( giá ), cúi đầu, treo, xách
くだ-さる | くだ 下さる
to give | 送, 给 | 주시다 | cho
くだ-る | くだ 下る
to go down | 下去 | 내리다, 내려가다 | xuống, đi xuống ( dốc )

外 ゲ | げか 外科
surgery | 外科 | 외과 | khoa ngoại
はず-れる | はず 外れる
to come off, to come out | 脱落, 不中 | 빠지다 | không trúng, bị trượt ,trật
はず-す | はず 外す
to take off | 取下 | 떼다 | tháo ra, cởi ra

学 まな-ぶ | まな 学ぶ
to learn | 学习 | 배우다 | học, học tập

間 ケン | にんげん 人間
a human being | 人, 人类 | 인간 | con người

気 ケ | けはい 気配
a sign, indication | 情形, 动静 | 기미, 기색 | lo lắng

休 キュウ | きゅうじつ 休日
a holiday | 假日 | 휴일 | ngày nghỉ

魚 ギョ | きんぎょ 金魚
a goldfish | 金鱼 | 금붕어 | cá cảnh
うお | うおいちば 魚市場
a fish market | 鱼市 | 어시장 | chợ cá

空 から | から 空の
empty | 空的 | 빈 것 | trống không, trống rỗng ( bán hết hàng )
あ-く | あ 空く
to be vacant | 空, 空出 | 비다 | trống, còn chỗ, rỗng không
あ-き | あ 空き
room | 空当儿 | 빈 곳 | chỗ trống ( phòng, nhà trống ), khe hở
あ-ける | あ 空ける
to empty | 空开 | 비우다 | làm cạn, bỏ trống

言 ゲン | げんご 言語
language | 语言 | 언어 | ngôn ngữ
ゴン | でんごん 伝言
a message | 传话, 口信 | 전할 말 | truyền ngôn, tin nhắn

古 コ | ちゅうこ 中古の
used, secondhand | 半旧(的), 二手(的) | 중고의 | đồ cũ

| 後 | コウ | こうはん<br>後半<br>the second half, the latter half｜后半｜후반｜<br>nửa sau |
| | のち | のち<br>後<br>after｜之后｜나중에｜sau |

| 語 | かた-る | ものがたり<br>物語<br>a story｜故事, 传说｜이야기｜<br>chuyện kể, chuyện truyền thuyết |

| 行 | ギョウ | ぎょうじ<br>行事<br>an event｜仪式, 活动｜행사｜lễ hội, hội chợ |
| | ゆ-く | ゆ<br>行く<br>to go｜去｜가다｜đi |

| 左 | サ | させつ<br>左折する<br>to turn left｜向左拐弯｜좌절하다｜<br>rẽ trái |

| 山 | サン | ふじさん<br>富士山<br>Mt.Fuji｜富士山｜후지산｜núi phú sĩ |

| 三 | み | みかづき<br>三日月<br>a crescent moon｜新月, 月牙｜초승달｜<br>trăng mùng ba ( trăng lưỡi liềm ) |

| 子 | ス | ようす<br>様子<br>a state｜情况｜모양｜tình trạng, vẻ ngoài |

| 小 | お | おがわ<br>小川<br>a stream｜小河｜작은 시내｜<br>suối, con sông nhỏ |

| 少 | ショウ | しょうねん<br>少年<br>a boy｜少年｜소년｜thiếu niên<br>しょうじょ<br>少女<br>a girl｜少女｜소녀｜thiếu nữ<br>しょうしょう<br>少々<br>a few / a little｜稍微｜조금｜một chút |

| 上 | かみ | かみはんき<br>上半期<br>the first half of the year｜上半期｜상반기｜<br>nửa kì đầu |
| | あ-がる | あ<br>上がる<br>to go up｜上, 升起｜오르다｜bước lên, đi lên |
| | あ-げる | あ<br>上げる<br>to raise｜举起, 提高｜올리다｜<br>đưa lên, nâng lên |
| | のぼ-る | のぼ<br>上る<br>to go up｜登, 攀登｜오르다｜<br>lên, tăng giá, mọc (mặt trời) |

| 新 | あら-た | あら<br>新たな<br>new｜新的｜새로운｜mới |
| | い-ける | い ばな<br>生け花<br>the Japanese art of flower arrangement｜<br>插花｜꽃꽂이｜nghệ thuật cắm hoa |

| 生 | なま | なま<br>生の<br>raw｜生的｜날 것의｜sống, chưa nấu chín |
| | は-える | は<br>生える<br>to grow｜生, 长｜자라다｜mọc, mọc lên |

| 西 | サイ | かんさい<br>関西<br>the Kansai (region)｜关西｜관서｜<br>Vùng Kansai<br>とうざいなんぼく<br>東西南北<br>north, south, east and west｜东南西北｜<br>동서남북｜đông tây nam bắc |

| 足 | ソク | ふそく<br>不足<br>lack, shortage｜不够｜부족｜thiếu |

| 多 | タ | たすう<br>多数の<br>many｜多数的｜다수의｜nhiều |

| 大 | おお | おおあめ<br>大雨<br>a heavy rain｜大雨｜큰 비｜mưa to |

| 男 | ナン | ちょうなん<br>長男<br>one's eldest son｜长子｜장남｜trưởng nam |

| 土 | ト | とち<br>土地<br>land｜土地｜토지｜thổ địa, đất đai |
| | つち | つち<br>土<br>earth｜土地, 土壤｜흙｜đất |

| 読 | ドク | どくしょ<br>読書<br>reading｜读书｜독서｜đọc sách |
| | トウ | く とうてん<br>句読点<br>punctuation｜句号和逗号, 标点符号｜<br>구두점｜dấu chấm câu |

| 日 | ジツ | へいじつ<br>平日<br>a weekday｜平常, 平日｜평일｜ngày thường |

| | | | |
|---|---|---|---|
| 買 | バイ | ばいばい 売買 | buying and selling｜买卖｜매매｜mua bán |
| 白 | しら | しら が 白髪 | white hair, gray hair｜白发｜흰머리｜tóc bạc |
| 半 | なか-ば | なか 半ば | half, the middle｜半途, 中间｜절반｜nửa, giữa |
| 分 | ブ | ぶ 分 | a percent｜百分之一｜퍼센트｜phần, phần trăm |
| | わ-かれる | わ 分かれる | to divide｜分开｜갈라지다｜chia rẽ, rời xa |
| | わ-ける | わ 分ける | to divide｜分, 分开｜나누다｜chia ra, phân ra |
| 本 | もと | やまもと 山本 | Yamamoto (family name)｜山本(姓)｜야마모토 (이름)｜Yamamoto (họ người Nhật) |
| 木 | ボク | ど ぼく 土木 | civil engineering｜土木｜토목｜công trình (kỹ sư) xây dựng |
| | ◯◯ | も めん 木綿 | cotton｜棉花｜목면｜bông, vải cốt - tông |
| 万 | バン | ばんざい 万歳 | banzai, cheer｜万岁｜만세｜vạn tuế |
| 名 | ミョウ | みょう じ 名字 | a surname, a family name｜姓｜성 (이름)｜họ |
| 目 | モク | もく てき 目的 | purpose｜目的｜목적｜mục đích |
| 友 | ユウ | ゆうじん 友人 | a friend｜朋友｜친구｜bạn thân |
| 立 | リツ | こくりつ 国立の | national｜国立的｜국립의｜quốc lập |

## ■初級レベルの漢字・2

| | | | |
|---|---|---|---|
| 悪 | アク | あく い 悪意 | malice｜恶意｜악의｜ác ý |
| 暗 | アン | あん き 暗記する | to memorize, to learn by heart｜熟记, 背诵｜암기하다｜nhớ, học thuộc lòng |
| 引 | イン | いんりょく 引力 | gravitation｜引力｜인력｜lực hút, sức hút |
| 映 | うつ-る | うつ 映る | to reflect｜映, 照｜비치다｜chiếu |
| | うつ-す | うつ 映す | to reflect｜映, 照, 放映｜비추다｜chiếu, chiếu phim |
| 家 | ケ | てんのう け 天皇家 | imperial family｜天皇一家｜천황가｜hoàng tộc |
| | や | おお や 大家 | the owner of a rented house｜房东｜집주인｜chủ nhà |
| 歌 | カ | か しゅ 歌手 | a singer｜歌手｜가수｜ca sĩ |
| 回 | まわ-す | まわ 回す | to turn｜转｜돌리다｜làm xoay |
| 開 | カイ | かいかい 開会する | to open｜开会, 开幕｜개회하다｜khai mạc |
| 楽 | ラク | らく 楽な | comfortable, easy｜舒适的, 轻松的｜편한｜thoải mái, nhẹ nhàng |
| 寒 | カン | かんたい 寒帯 | the Frigid Zone｜寒带｜한대｜hàn đới |
| 起 | キ | き しょう 起床 | rising｜起床｜기상｜thức dậy |
| | お-こる | お 起こる | to happen, to occur｜发生｜발생하다｜xảy ra |

| 帰 | キ | 帰宅する<br>to go home｜回家｜귀가하다｜về nhà |
| | かえ-す | 帰す<br>to let ... go back｜使...回去｜돌려보내다｜cho trở về |
| 牛 | うし | 牛<br>cattle, a cow, an ox｜牛｜소｜trâu bò, con bò |
| 去 | コ | 過去<br>past｜过去｜과거｜quá khứ |
| | さ-る | 去る<br>to leave, last ...｜离开｜떠나다｜rời đi, lìa xa |
| 京 | ケイ | 京浜<br>*Keihin*, Tokyo and Yokohama<br>京滨(东京和横滨)｜케이힌 (도쿄와 요코하마)｜tuyến xe điện keihin |
| 強 | ゴウ | 強盗<br>a robber｜强盗｜강도｜sự ăn trộm, sự ăn cướp |
| 教 | おそ-わる | 教わる<br>to learn, to be taught｜受教, 学习｜가르침을 받다｜học hỏi |
| 計 | はか-る | 計る<br>to measure｜谋求, 推测, 计量｜재다｜cân |
| 建 | ケン | 建設<br>construction｜建设｜건설｜xây dựng |
| | た-つ | 建つ<br>to be built｜建｜서다｜xây dựng |
| 元 | ガン | 元日<br>New Year's Day｜元旦｜설날｜nguyên đán (tết) |
| | もと | 元栓<br>a main tap, a stop tap｜总开关｜개폐장치｜đường trục cụt, đường dẫn chính |
| 工 | ク | 工夫<br>a device, an invention｜设法｜궁리함｜khắc phục, cải thiện |
| 広 | コウ | 広告<br>advertisement｜广告｜광고｜quảng cáo |

| 好 | この-む | 好む<br>to like, to prefer｜爱好｜좋아하다｜thích |
| 考 | コウ | 参考<br>reference｜参考｜참고｜tham khảo |
| 黒 | コク | 黒板<br>a blackboard｜黑板｜칠판｜bảng đen |
| 作 | サ | 作業<br>work, operations｜工作｜작업｜thao tác, sự làm việc |
| 市 | いち | 市場<br>a market｜市场｜시장｜thị trường, chợ |
| 死 | シ | 死亡する<br>to die｜死亡｜사망하다｜chết, mất, tử trận |
| 私 | シ | 私立の<br>private｜私立的｜사립의｜tư lập |
| 始 | シ | 開始する<br>to start, to begin｜开始｜개시하다｜bắt đầu |
| 姉 | シ | 姉妹<br>sisters｜姊妹, 姐妹｜자매｜chị em gái |
| 思 | シ | 思想<br>thought｜思想｜사상｜tư tưởng |
| 紙 | シ | コピー用紙<br>copying paper｜复印纸｜복사용지｜giấy copy |
| 試 | ため-す | 試す<br>to try, to test｜试, 尝试｜시험하다｜thử |
| 自 | シ | 自然<br>nature｜自然｜자연｜thiên nhiên, tự nhiên |
| | みずか-ら | 自ら<br>oneself｜自己, 亲自｜스스로｜tự mình |

| | | |
|---|---|---|
| 持 | ジ | 持参する<br>〈じ さん〉<br>to bring｜帯来(去)｜지참하다｜mang theo |
| 写 | うつ-る | 写る<br>〈うつ〉<br>to come out｜映, 照｜비치다｜<br>được chụp (ảnh) |
| 者 | もの | 者<br>〈もの〉<br>a person｜人, ......的(人)｜사람, 자｜người |
| 借 | シャク | 借金<br>〈しゃっきん〉<br>debt｜借款, 欠债｜빛｜nợ |
| 弱 | ジャク | 弱点<br>〈じゃくてん〉<br>a weakness｜弱点｜약점｜điểm yếu |
| 主 | おも | 主な<br>〈おも〉<br>main｜主要(的)｜주된｜chính, chủ yếu |
| 首 | シュ | 首相<br>〈しゅしょう〉<br>a prime minister｜首相｜수상｜thủ tướng |
| 終 | シュウ | 終了する<br>〈しゅうりょう〉<br>to expire, to be finished｜结束, 终止｜<br>종료하다｜kết thúc |
| | お-える | 終える<br>〈お〉<br>to finish｜结束, 完成｜끝내다｜<br>làm xong, hoàn tất |
| 集 | シュウ | 集合する<br>〈しゅうごう〉<br>to gather, to assemble｜集合｜집합하다｜<br>tập hợp, tập trung |
| 住 | す-まう | 住まい<br>〈す〉<br>a house, a home｜住所｜주거｜nhà, sống ở |
| 重 | ジュウ | 重力<br>〈じゅうりょく〉<br>gravity｜重力｜중력｜trọng lực |
| | チョウ | 貴重な<br>〈き ちょう〉<br>precious｜贵重(的)｜귀중한｜<br>quý trọng, quan trọng |
| | かさ-なる | 重なる<br>〈かさ〉<br>to be piled up｜重叠, 重复｜겹치다｜<br>chồng chất |
| | かさ-ねる | 重ねる<br>〈かさ〉<br>to pile｜重叠, 重复｜거듭하다｜<br>chất đống, chồng lên nhau |

| | | |
|---|---|---|
| 暑 | ショ | 暑中見舞い<br>〈しょちゅう み ま〉<br>summer greeting｜盛夏中的问安｜<br>여름 안부 편지｜thư, quà tặng thăm hỏi mùa hè |
| 乗 | ジョウ | 乗車する<br>〈じょうしゃ〉<br>to get on a train/bus｜乘车｜승차하다｜<br>lên xe |
| | の-せる | 乗せる<br>〈の〉<br>to pick up, to help ... get on｜载, 搭｜<br>태우다｜chở, cho lên xe |
| 色 | ショク | ～色<br>〈しょく〉<br>～ colors｜～色｜～색｜màu ~ |
| | シキ | 景色<br>〈け しき〉<br>scenery, a landscape｜景色｜경치｜<br>cảnh sắc, phong cảnh |
| 森 | シン | 森林<br>〈しんりん〉<br>forest｜森林｜삼림｜rừng rú |
| 親 | おや | 親<br>〈おや〉<br>a parent｜父母, 双亲｜부모｜<br>cha mẹ |
| | した-しい | 親しい<br>〈した〉<br>familiar, friendly, close｜亲近, 亲密｜친하다｜<br>thân |
| 世 | セイ | 世紀<br>〈せい き〉<br>a century｜世纪｜세기｜thế kỷ |
| | よ | 世の中<br>〈よ なか〉<br>the world｜世上, 社会｜세상｜<br>thế gian, thời đại, cuộc đời |
| 正 | セイ | 正方形<br>〈せいほうけい〉<br>a square｜正方形｜정방형｜<br>hình vuông |
| 青 | セイ | 青年<br>〈せいねん〉<br>youth｜青年｜청년｜thanh niên |
| | ∞ | 真っ青な<br>〈ま さお〉<br>deep blue｜蔚蓝(的), 深蓝(的)｜새파란｜<br>xanh đậm |
| 赤 | セキ | 赤道<br>〈せきどう〉<br>the Equator｜赤道｜적도｜xích đạo |
| | ∞ | 真っ赤な<br>〈ま か〉<br>bright red｜通红, 鲜红｜새빨간｜đỏ bừng |

| 早 | ソウ | そうちょう<br>早朝<br>early morning｜早晨, 早上, 清晨｜이른 아침｜<br>sáng sớm |
|---|---|---|
|  | サッ | さっそく<br>早速<br>at once, immediately｜立刻, 马上｜즉시｜<br>ngay lập tức |
| 村 | ソン | し ちょうそん<br>市町村<br>municipalities｜市, 镇, 村｜<br>시쵸손 ( 일본 행정구역 )｜<br>thành phố, thị trấn, làng mạc |
| 体 | タイ | たいじゅう<br>体重<br>weight｜体重｜체중｜thể trọng |
| 短 | タン | たん き<br>短期<br>a short term｜短期｜단기｜ngắn hạn |
| 池 | チ | でん ち<br>電池<br>a battery｜电池｜전지｜pin |
| 着 | チャク | とうちゃく<br>到着する<br>to arrive｜到达｜도착하다｜đến nơi |
|  | つ-ける | つ<br>着ける<br>to dress｜穿上｜착용하다｜đeo, mang |
|  | き-せる | 着せる<br>to dress｜给 …… 穿上｜입히다｜mặc cho |
| 注 | そそ-ぐ | そそ<br>注ぐ<br>to pour｜流进, 注入｜따르다｜rót |
| 昼 | チュウ | ちゅうしょく<br>昼食<br>lunch｜午餐, 午饭｜점심식사｜bữa ăn trưa |
| 鳥 | チョウ | はくちょう<br>白鳥<br>a swan｜天鹅｜백조｜con thiên nga |
| 朝 | チョウ | ちょうしょく<br>朝食<br>breakfast｜早餐, 早饭｜아침식사｜<br>bữa ăn sáng |
| 通 | とお-す | とお<br>通す<br>to pass something through｜穿过, 通过｜<br>통하게 하다｜đi qua |

| 低 | テイ | てい か<br>低下する<br>to fall, to decline｜下降, 降低｜저하하다｜<br>hạ thấp, trở nên xấu đi |
|---|---|---|
| 弟 | デ | て し<br>弟子<br>a pupil｜弟子, 徒弟｜제자｜học sinh, học trò |
| 転 | ころ-がる | ころ<br>転がる<br>to roll｜滚, 转, 倒下｜넘어지다, 구르다｜lăn |
|  | ころ-がす | ころ<br>転がす<br>to roll｜滚动, 转动, 弄倒｜굴리다｜làm lăn |
|  | ころ-ぶ | ころ<br>転ぶ<br>to fall down, to tumble｜摔倒, 滚, 转｜<br>구르다, 자빠지다｜vấp, té |
| 田 | ⊙⊙ | いな か<br>田舎<br>countryside｜乡下, 农村｜시골｜quê |
| 都 | みやこ | みやこ<br>都<br>a capital, a city｜首都, 都市｜수도｜thủ đô |
| 度 | たび | たび<br>～度<br>whenever ... , every time ...｜次, 回, 度｜<br>～때, ～번｜~ lần, ~ độ |
| 答 | トウ | かい とう<br>回答<br>an answer｜回答｜해답｜đáp án, trả lời |
| 頭 | ズ | ず つう<br>頭痛<br>headache｜头疼｜두통｜đau đầu |
|  | トウ | とう<br>～頭<br>counter for a big animal｜～头｜～두｜<br>~ con (dùng để đếm động vật cỡ lớn ) |
| 同 | ドウ | どう じ<br>同時に<br>at the same time｜同时｜동시에｜<br>đồng thời, cùng một lúc |
| 動 | うご-かす | うご<br>動かす<br>to move｜活动, 开动, 移动｜움직이다｜<br>làm cho cử động |
| 働 | ドウ | ろう どう<br>労働<br>labor｜劳动, 工作｜노동｜sự lao động |

| 売 | バイ | ばいてん<br>売店<br>a stand, a kiosk｜小卖店｜매점｜quầy bán hàng |
| | う-れる | う<br>売れる<br>to sell｜畅销, 好卖｜팔리다｜bán chạy |
| 飯 | めし | めし<br>飯<br>cooked rice, a meal｜饭｜밥｜cơm |
| 文 | モン | ちゅうもん<br>注文する<br>to order｜订, 定｜주문하다｜gọi món ăn, đặt hàng |
| 便 | たよ-り | たよ<br>便り<br>a letter｜消息, 音信｜소식｜thư tín |
| 方 | ∞ | ゆくえ<br>行方<br>one's whereabouts｜去向, 下落｜행방｜hướng đi |
| 妹 | マイ | しまい<br>姉妹<br>sisters｜姐妹, 姊妹｜자매｜chị em gái |
| 明 | ミョウ | みょうごにち<br>明後日<br>the day after tomorrow｜后天｜모레｜ngày kia |
| | あ-かり | あ<br>明かり<br>the light｜亮, 灯｜빛｜đèn |
| | あき-らか | あき<br>明らか<br>clear｜明显, 清楚｜명백함｜minh bạch, rõ ràng |
| | あ-くる | あ<br>明くる<br>next, following｜下, 次, 翌｜다음의｜sau (ngày hôm sau) |
| | あ-ける | あ　がた<br>明け方<br>dawn｜黎明, 拂晓｜새벽녘｜bình minh, rạng đông<br><br>あ<br>明ける<br>to begin, to be over｜过, 完, 结束｜(날이) 새다, 밝 (아지) 다｜rạng sáng, bắt đầu |
| 問 | と-い | と<br>問い<br>a question｜提问, 问题｜물음｜câu hỏi<br><br>と　あ<br>問い合わせ<br>inquiry｜询问, 查询｜문의｜thắc mắc |
| | と-う | と<br>問う<br>to ask｜询问, 打听｜묻다｜hỏi |

| 夜 | よ | よ　あ<br>夜明け<br>dawn｜天亮, 黎明, 拂晓｜새벽｜trời rạng sáng |
| 野 | の | の<br>野<br>a field｜原野, 田野｜들｜cánh đồng |
| 薬 | ヤク | やくひん<br>薬品<br>a medicine｜药品｜약품｜dược phẩm |
| 有 | ウ | う　む<br>有無<br>presence or absence｜有无｜유무｜có hay không |
| 用 | もち-いる | もち<br>用いる<br>to use｜用, 使用｜사용하다｜dùng, lợi dụng |
| 旅 | たび | たび<br>旅<br>a trip｜旅行, 旅游｜여행｜chuyến đi |
| 力 | リョク | がくりょく<br>学力<br>scholastic ability｜学力｜학력｜học lực |
| 林 | リン | さんりん<br>山林<br>mountains and forests｜山林｜산림｜sơn lâm, rừng núi |

押 お-さえる 押さえる
to hold | 压制, 控制 | 누르다 | giữ, đỡ

降 コウ 下降する
to go down | 下降 | 하강하다 |
rơi xuống, tụt xuống

お-ろす 降ろす
to get down | 弄下, 搬下, 降 | 내리다 |
hạ xuống

座 ザ 座席
a seat | 座位 | 좌석 | ghế ngồi

酒 シュ 日本酒
*sake* (Japanese rice wine) |
清酒, 日本酒 | 일본술 | rượu Nhật

さか 酒屋
liquor shop | 酒店, 酒铺, 酒坊 | 술집 |
cửa hàng bán rượu

寝 シン 寝台
a bed | 床铺 | 침대 | giường ngủ

全 まった-く 全く
quite, entirely | 完全, 实在 | 완전히 |
hoàn toàn

内 うち 内側の
inside | 内侧的, 里面的 | 안쪽의 |
(phía) bên trong

閉 ヘイ 閉会する
to close | 闭会 | 폐회하다 | bế mạc

と-じる 閉じる
to close | 闭, 关闭 | 닫다 | đóng lại

米 ベイ 欧米
Europe and the United States |
欧美 | 유럽과 미국 | Âu Mỹ

カタカナ＝音読み　ひらがな＝訓読み　＊＝特別な読み

| | | |
|---|---|---|
| もり | 森 | 34 |
| モン | 問 | 120 |
| モン | 門 | 142 |

## や

| | | |
|---|---|---|
| ヤ | 夜 | 77 |
| ヤ | 野 | 176 |
| や | 屋 | 156 |
| やおや* | 八百屋 | 40,42 |
| やす-い | 安 | 107 |
| やす-む | 休 | 34 |
| やっ-つ | 八 | 40 |
| やま | 山 | 30 |

## ゆ

| | | |
|---|---|---|
| ユウ | 有 | 116 |
| ゆう | 夕 | 74 |

## よ

| | | |
|---|---|---|
| よ | 四 | 38 |
| ヨウ | 曜 | 52 |
| ヨウ | 洋 | 136 |
| ヨウ | 用 | 195 |
| よう | 八 | 40 |
| よっ-つ | 四 | 38 |
| よ-む | 読 | 96 |
| よる | 夜 | 77 |
| よわ-い | 弱 | 111 |
| よん | 四 | 38 |

## ら

| | | |
|---|---|---|
| ライ | 来 | 54 |

## り

| | | |
|---|---|---|
| リ | 利 | 118 |
| リ | 理 | 194 |
| リョ | 旅 | 123 |
| リョウ | 料 | 194 |

## ろ

| | | |
|---|---|---|
| ロク | 六 | 40 |

## わ

| | | |
|---|---|---|
| ワ | 話 | 98 |
| ワ | 和 | 137 |
| わ-かる | 分 | 70 |
| わか-れる | 別 | 141 |
| わたくし | 私 | 60 |
| わたし | 私 | 60 |
| わる-い | 悪 | 113 |

# 部首索引

**総画数　漢字　ページ**

223

## 著 者

**佐藤 尚子**（さとうなおこ）（元千葉大学大学院国際学術研究院教授）

**佐々木 仁子**（ささきひとこ）（元千葉大学国際教育センター非常勤講師）

| | |
|---|---|
| 英語翻訳 ● | マーチン・ホウダ（元千葉大学教授） |
| 英語翻訳協力 ● | ゼットエー株式会社 |
| 中国語翻訳 ● | 瞿莎蔚 |
| 韓国語翻訳 ● | 朱仁媛 |
| 中国語・韓国語翻訳協力 ● | 李明華 |
| | 林靖明、李鶴松（国書日本語学校） |
| ベトナム語翻訳 ● | 松浦リュウ |
| ベトナム語翻訳協力 ● | TRẦN CÔNG DANH |
| イラスト ● | 花色木綿 |
| 装幀 ● | 梅田綾子 |
| DTP ● | 梅田綾子、山田恵（リンガル舎） |
| DTP 協力 ● | プレアデス |
| 校閲 ● | 村上充 |

留学生のための **漢字の教科書 初級 300** 英語・中国語・韓国語・ベトナム語版

ISBN978-4-336-07584-0

2024 年　1 月 25 日　初版第 1 刷　発行

2024 年　5 月 10 日　初版第 2 刷　発行

著　者　佐藤 尚子
　　　　佐々木 仁子

発行者　佐藤 今朝夫

発行所　国書刊行会

〒 174-0056　東京都板橋区志村 1-13-15

TEL.03-5970-7421　FAX.03-5970-7427

https://www.kokusho.co.jp

印刷　株式会社 シナノパブリッシングプレス　　製本　株式会社 村上製本所